BEI GRIN MACHT SICH IHR WISSEN BEZAHLT

- Wir veröffentlichen Ihre Hausarbeit, Bachelor- und Masterarbeit

- Ihr eigenes eBook und Buch - weltweit in allen wichtigen Shops

- Verdienen Sie an jedem Verkauf

Jetzt bei www.GRIN.com hochladen und kostenlos publizieren

Horst Haub

Ambraser Heldenbuch und Kaiser Maximilian I.

Zu Konzeption und Anfang der Handschrift mit dem 'Frauenehre'-Fragment des Stricker

GRIN Verlag

Bibliografische Information der Deutschen Nationalbibliothek:

Die Deutsche Bibliothek verzeichnet diese Publikation in der Deutschen National-
bibliografie; detaillierte bibliografische Daten sind im Internet über http://dnb.d-
nb.de/ abrufbar.

Impressum:

Copyright © 2010 GRIN Verlag, Open Publishing GmbH
Druck und Bindung: Books on Demand GmbH, Norderstedt Germany
ISBN: 978-3-640-78312-0

Dieses Buch bei GRIN:

http://www.grin.com/de/e-book/163787/ambraser-heldenbuch-und-kaiser-maximi-
lian-i

GRIN - Your knowledge has value

Der GRIN Verlag publiziert seit 1998 wissenschaftliche Arbeiten von Studenten, Hochschullehrern und anderen Akademikern als eBook und gedrucktes Buch. Die Verlagswebsite www.grin.com ist die ideale Plattform zur Veröffentlichung von Hausarbeiten, Abschlussarbeiten, wissenschaftlichen Aufsätzen, Dissertationen und Fachbüchern.

Besuchen Sie uns im Internet:

http://www.grin.com/

http://www.facebook.com/grincom

http://www.twitter.com/grin_com

Ambraser Heldenbuch und Kaiser Maximilian I.

Zu Konzeption und Anfang der Handschrift mit dem
Frauenehre-Fragment des Stricker

Mediävistische Studie

von

Horst Haub

Frankfurt 2010

Inhaltsverzeichnis

Vorwort

In den letzten Jahren wurde durch eine Reihe von Einzeluntersuchungen und Aufsatzsammlungen neues interessantes Material zur höfischen Kultur der Zeit Maximilian I. und zu Aspekten und Deutungsmöglichkeiten des 'Ambraser Heldenbuchs' erarbeitet.

Zusammen mit den grundlegenden Arbeiten z. B. von Martin Wierschin, Hermann Wiesflecker und Jan-Dirk Müller steht somit ein breites Wissen zur Verfügung, das zu einem verständlicheren Bild dieser Zeit führen könnte. Die Problematik liegt natürlich wie immer darin, die bereitgestellten Informationen wie verstreute Mosaiksteinchen zu einem erkennbaren Bild zusammen zu fügen, das dann in der Lage ist Geschichte sowohl zutreffender als auch anschaulicher und lebendiger darzustellen. Um zu tragfähigen Ergebnissen zu gelangen, ist es allerdings im Falle des 'Ambraser Heldenbuchs' notwendig, die dort versammelten Dichtungen aus einem veränderten Blickwinkel heraus in Augenschein zu nehmen. Irgendwann einmal wird dann vermutlich das Groteske der Einschätzung des 'Ambraser Heldenbuchs' als einer schlichten Sammlung von alten Texten aus dem 13. Jahrhundert, die Kaiser Maximilian habe sammeln und abschreiben lassen, nur noch Verwunderung auslösen. Das eigentlich Faszinierende daran wird dann die Tatsache sein, dass diese Ansicht ein gutes halbes Jahrtausend Bestand haben konnte. (Hierzu insbes. Kap. III.)

Neben der Einbeziehung neuer Forschungsergebnisse ist, wie in dieser Arbeit dargestellt, die analytische Arbeit am Text selbst notwendig, um die Botschaft des Autors, die dieser den imaginierten Rezipienten zukommen lassen möchte, enträtseln zu können.

Leider kann ich an dieser Stelle wiederum keine Dankesworte an irgendeine öffentliche Institution für deren Unterstützung der hier vorliegenden Arbeit richten. Dazu kann es auch gar nicht kommen. Denn fortgesetztes forciertes Grübeln zu historisch relevanten Fragestellungen über einen längeren Zeitraum hin, der die zeitliche Grenze des Jungakademikers überschreitet, kann in diesem unseren Lande nicht mit öffentlicher Unterstützung rechnen, wie mir seitens einiger Professoren, sowie eines prominenten Mitgliedes der Deutschen Forschungsgemeinschaft verdeutlicht wurde.

Deshalb gilt mein besonderer Dank wiederum Prof. Ernst Erich Metzner von den Frankfurter Altgermanisten, der sich trotz Emeritierung wieder die Zeit nahm meine Ausführungen durch konstruktive Kritik und wertvolle Anregungen zu begleiten, sowie Fred Arend, dessen geduldige freundschaftliche Hilfe ein vorschnelles Scheitern der Arbeit an den technologischen Hürden bei der Herstellung eines druckreifen Textes verhinderte.

Frankfurt, Dezember 2010
Horst Haub

I Die Forschung

Maximilian I. spricht in einem Schreiben an den Innsbrucker Säckelmeister Wilhelm von Oy 1502 von einem 'Heldenbuch an der Etsch' und von dem Auftrag an Paulsen von Liechtenstein, ihm das 'Heldenbuch an der Etsch' „ausschreiben" zu lassen[1] Am 14. April 1504 gibt Maximilian I. dem Regiment in Innsbruck Anweisung, die notwendigen Maßnahmen zu ergreifen, damit Hans Ried, Zöllner am Eisack, ein *puech in pergamen* für ihn schreiben könne.[2] Zu diesem Zweck wird dann Hans Ried zwischen 1504 und 1514 von seinen Dienstverpflichtungen als Zöllner entbunden.[3] Bis zu seinem Tode Anfang 1516 war Hans Ried mit dem Schreiben des 'Heldenbuchs' beschäftigt.[4]

Trotz der ausführlichen Nachrichten über die Schreib-Genese des 'Ambraser Heldenbuches' sei nichts überliefert, was genaueren Einblick in die konzeptionelle Arbeit geben könne, so erst jüngst wieder Martin Schubert zum Stand der Forschung.[5] Ganz anders als bei den Ruhmeswerken, bei denen das „work in progress" aufgrund der Notizen, der Fassungen und der Schichtungen von Text- und Bildentwicklung nachvollziehbar bleibt, sei das *Ambraser Heldenbuch* wie ein „erratischer Block". Weder sei bekannt, wer das Werk entwarf, inwiefern der Kaiser auf den Entwurf Einfluss nahm, noch genau, aus wievielen Vorlagen es zusammengetragen wurde, also welcher Anteil an der Textzusammenstellung in der Tat als „konzeptionell" bezeichnet werden könne.[6]

In einer jüngeren Aufsatzsammlung zum 'Ambraser Heldenbuch' fasst Angela Mura erneut die grundsätzlichen Fragen, zusammen, mit denen sich die Forschung zum 'Ambraser Heldenbuch' auseinanderzusetzen habe: „Wer waren die Akteure, welche die entscheidende Rolle bei der Auswahl der Texte gespielt und die endgültige Anlage und das Schicksal des Codex bestimmt

1 Franz Unterkircher: „Ambraser Heldenbuch...", 1973, S.5. Martin Wierschin, 2005 (1976), S. 144, Notiz vom 15.04.1502 Hofkammerarchiv Wien, Gedenkbuch XII, fol. 283 (alt. 257 r). Angela Mura:"Spuren...", 2008, S. 63: Der früheste bisher aufgetauchte Beleg für den Wunsch Maximilians nach Ausfertigung der Handschrift ist ein in Füssen ausgestelltes Mandat vom 12. April 1502, aus dem hervorgeht, dass Maximilian bereits kurz vorher unter nicht näher beschriebenen Umständen Paul von Liechtenstein den Auftrag erteilt haben musste, sich um die Abschrift zu kümmern, *das helldenpuch an der Etsch ausschreiben zulassen.*

2 Angela Mura: „Spuren einer verlorenen...", 2008, S. 86
3 Dorothea Klein: "Mauricius von Craûn...", 1999, S. 8.
4 Nach Ausweis der Quittungsbelege starb Hans Ried Ende Februar oder Anfang März. M. Wierschin, 2005, S.138.
5 Martin Schubert, „Funktionen der Vergangenheit...", 2009, S. 287. Peter Strohschneider, „Ritterromantische Versepik...", 1986, S. 422, habe dazu richtig angemerkt: „es sei kein Ordnungsprinzip zu erkennen, das irgend mit einer literaturwissenschaftlichen Systematik zur Deckung zu bringen wäre", M. Schubert, 2009, S. 287.
6 Weder sei überliefert, in welcher Form der Kaiser, der als begeisterter Amateur alles Wissbaren seine Projekte gerne bis ins kleinste Detail überwachte, auf das Konzept des Buches Einfluss nahm, noch werden die subalternen Betreuer, die Hans Ried doch wohl hatte, genannt. Martin J. Schubert: „Offene Fragen...", 2008, S 100.

haben? Wie sah das literarische Konzept aus, das dem Werk zu Grunde lag? Oder gab es überhaupt einen Plan, einen ersten Entwurf am Beginn der Sammlung? Wer waren die Personen, welche die Durchführung dieses Planes vorangetrieben und geleitet haben?":[7]

Die Vermutung, die Anordnung des 'Heldenbuchs' solle eine Botschaft vermitteln, wurde bereits wiederholt geäußert. So von Hugo Kuhn, der von der Annahme ausging, Strickers 'Frauenehre' und Moritz von Craon stellten eine programmatische Einleitung des 'Ambraser Heldenbuchs' dar.[8] Edward Schröder hatte bereits zuvor erwogen, es könne eine Absicht darin zu erkennen sein, dem ersten größeren Gedicht, dem 'Iwein', zwei kleinere Dichtungen voraus zu schicken, „die eine allgemeinere tendenz zu vertreten scheinen".[9] Dorothea Klein kann sich vorstellen, man habe den 'Mauricius von Craûn' möglicherweise als Komplement und Kontrast zur vorausgehenden 'Frauenehre' gelesen. Während mit der 'Frauenehre' die Vorbildlichkeit höfischer Damen gepriesen werde, gehe es dort um die Folgen inadäquaten weiblichen Verhaltens. Gemeinsam sei den ersten sieben Texten das Grundthema Minne, „das im einzelnen mit unterschiedlichen literarischen Mitteln gestaltet und mit unterschiedlicher Akzentsetzung diskutiert wird.[10] Als einzige Handschrift repräsentiere das 'Ambraser Heldenbuch' die Vorläufer von Minnereden vielseitig, stellt auch Ingeborg Glier fest. Hartmanns von Aue 'Büchlein', das zweite Ambraser 'Büchlein' und Ulrichs von Lichtensteins 'Frauenbuch' seien nur hier überliefert. Ein so langes und so spurloses Verschwinden aus der Tradition sei allerdings ansonsten bei der Überlieferung von Minnereden unbekannt, auch unter dem Aspekt der Überlieferung von Minnereden bildeten die drei Büchlein also eine besondere Gruppe.[11] Für eine Erklärung des paradoxen Überlieferungsbefundes, so assistiert auch Nicola Kaminski, wo denn überhaupt eine versucht werde, müssten dann „letztlich die Launen der Fortuna herhalten."[12] Aber, auch wenn sie mit Verweis auf andere[13] einräumt, dass der Zufall eine große Rolle gespielt haben mag, bei dem, was dem einzelnen in die Finger kam, so fragt sie doch skeptisch, „gleich vierzehn oder (falls man die quasi unikalen Texte hinzurechnet) gar achtzehn solcher unglücklichen Zufälle ?!" Damit stelle sich weiterhin die Frage, so Ingeborg Glier, „wie und auf welchen Wegen können die 'Büchlein' ins Ambraser Heldenbuch gekommen sein ?" Auch die Reihenfolge, in der sie dort zu finden sind, gebe Rätsel auf, da sie in der Handschrift nicht alle zusammenhängend aufzufinden seien. „Nur Hartmanns 'Büchlein' und das zweite Ambraser

7　die „am schwersten zu beantwortenden Fragen", Angela Mura: „Spuren einer verlorenen...", in: W. Fritsch-Rößler (Hg.) „Rahmenthema..., 2008, S. 59.
8　Hugo Kuhn: Minnesangs Wende, 1967, S.185.
9　Zit. Nach Albert Leitzmann, „Die Ambraser...", 1935, S. 151.
10　D. Klein, 1999, S. 9.
11　Ingeborg Glier: „Artes amandi..", 1971, S. 390.
12　Nicola Kaminski: "Die Unika im Ambraser Heldenbuch...", 2009, S. 186
13　Die Zufallsüberlieferung von Einzel- bzw. kleinstem Gruppenmanuskripten bemühe Martin Wierschin, 1976, S. 565 und 567, Anm. 219, ebenso gern, wie Hugo Kuhn, 1967, 184 f, wenn er die „aberwitzige 'Zufälligkeit' der „ganz verspäteten Unicum-Überlieferung konstatiere oder Peter Jörg Becker, 1977, 223, so Nicola Kaminski, 2009, S.186.

'Büchlein' stehen beieinander, (als viertes und fünftes Gedicht der Sammlung), ihnen vorauf geht Hartmanns 'Iwein', es folgt 'Der Mantel' von Heinrich von dem Türlin. Ulrichs von Lichtenstein 'Frauenbuch' hingegen findet als 21. Gedicht der Sammlung seinen Platz zwischen einer Märengruppe Herrands von Wildonie und der Märe vom 'Helmbrecht' von Wernher dem Gartenaere." Es gebe allerdings nur drei Möglichkeiten, wie diese Reihenfolgen zustande gekommen sein könnten. Sie seien entweder von einem, der die Anlage gestaltete, beabsichtigt oder geben die Folge einer Vorlage wieder oder beides.[14]

Ebenso kann Albert Leitzmann keine „planvolle aufeinanderfolge" der Texte im 'Ambraser Heldenbuch entdecken. [15] Diese Anordnung der Texte hätte ja vom Kaiser selbst oder aber seinem 'Iterarischen Beirat' Paul von Lichtenstein ausgehen müssen „In alle psychologischen einzelheiten dieses ordnungsgedankens eindringen zu wollen, muß ich allerdings für unmöglich halten. Warum z. b. zwischen Iwein und Erec die Büchlein und der Mantel eingefügt wurden, davon kann ich keine ratio erkennen:".[16]

Auch wenn Martin Wierschin Vermutungen zur Textauswahl des 'Ambraser Heldenbuches' anstellt, so kann doch auch er keinen durchgängigen Anlage- oder Gliederungsplan erkennen. Franz Unterkirchers' Versuch, eine Viergliederung des Textes vorzunehmen, komme nur scheinbar zu einem akzeptablen Ergebnis. Denn die Gliederung beruhe exklusiv auf dem phänomenologischen Befund der Handschrift und lasse die komplexen Bedingungen der Entstehungsgeschichte völlig außer acht.[17]

Obwohl die vorhandenen Archivalien keinen Zweifel an der persönlichen Verantwortlichkeit Maximilians I. für die Anfertigung des 'Ambraser Heldenbuches' lassen, gebe der Kodex selbst, anders als andere vergleichbare Pergament-Prachthandschriften des ausgehenden Mittelalters, keinerlei Hinweis auf den Auftraggeber und seine Beteiligung an der Abfassung desselben.[18] Das Befremden von Martin W. Wierschin über diese „bemerkenswerte" Tatsache ist nur zu verständlich, angesichts der von Maximilian I. sonst geübten Praxis, einer für ihn angelegten Zimelie einen

---

14 „Nur Hartmanns 'Büchlein' und das zweite Ambraser 'Büchlein' stehen nebeneinander (als viertes und fünftes Gedicht der Sammlung), ihnen vorauf geht Hartmanns 'Iwein', es folgt 'Der Mantel' von Heinrich von dem Türlin. Ulrichs von Lichtenstein 'Frauenbuch' hingegen findet als 21. Gedicht der Sammlung seinen Platz zwischen einer Märengruppe Herrands von Wildonie und dem 'Märe vom Helmbrecht' von Wernher dem Gartenaere." I. Glier, 1971, S. 390.

15 A.. Leitzmann, „Die Ambraser...",1935. S. 151.

16 A. Leitzmann, 1935, S. 151.

17 Martin Wierschin: „Ich stimmer auch aus diesem Grunde völlig mit A. Leitzmann überein, der im Ambraser Heldenuch keinen durchängigen Anlage- oder Gliederungsplan erkennen konnte.", „Das Ambraser...", 2005 (1976), S.133. So auch Heimo Reinitzer (Hg.): 'Moritz von Craon', 2000, S. IX.: „Die herkömmliche Gliederung in vier Bereiche', Artusepik, Heldenepik, Kleinepik und Anhang überzeuge nicht. Hingegen postuliert Kurt Gärtner, als Leitfaden für textgeschichtliche und überlieferungsgeschichtliche Fragen genüge die herkömmliche Gliederung immer noch, wenn sie wohl auch nicht mehr allgemein akzeptiert werde. K. Gärtner: „Hartmann von Aue...", 2008, S. 199.

18 Martin Wierschin, 2005 (1976), S. 102. Ebesno Martin J. Schubert, 2008, S. 101.: An den Zeugnissen über die Handschriftenentstehung falle vor allem auf, dass offfensichtlich an nichts gespart wurde – nicht an Kosten, Mühen, Pergament, Zeit - , dass aber über den Einsatz einer einzigen Ressource rein nichts überliefert ist: des Sachverstands.

panegyrisch getönten Verweis auf seine 'Autorschaft' und eine interpretierende Präambel, mit Bezug auf seine Person voran zu stellen.[19] Wierschin vermutet deshalb, das uns vorliegende 'Ambraser Heldenbuch' sei nur der realisierte Teil eines weit umfangreicher geplanten Werkes. Das ursprüngliche Exposé habe wohl nichts Geringeres vorgesehen, als eine umfassende Sammlung aller erreichbaren Texte einer historischen Epoche, mit der sich Maximilian ja uneingeschränkt identifiziert habe.[20]   Die Anlage eines illustrierten Prachtkodex sei den enzyklopädischen Neigungen des „erklärten Bibliophilen Maximilan"[21] geschuldet. So, wie sein historisches Idol, Karl der Große, nach dem Zeugnis von Einhards *Vita Caroli Magni,* eine Heldenliedersammlung habe anlegen lassen, ebenso habe Maximilian verfahren wollen. Dabei sei er von burgundischen Kodizes und dem *Reckenbuch* seines hoch geschätzten Onkels Sigmund von Tirol angeregt worden. Vielleicht habe er daran gedacht, „eine feste Bücher- und Dokumentensammlung nach burgundischem Vorbild" auf der von ihm bevorzugten Burg Runkelstein einzurichten[22], in der sein neues universales *heldenbuch* zu seiner *gedechtnus* einen prominenten Platz beanspruchen sollte. Denn Maximilians I. Bücherschätze lagerten ja in Truhen verpackt an allen möglichen Orten. Dem steht aber offensichtlich entgegen, dass Maximilian nie am Erwerb der Bücher, denen er nachfragen ließ interessiert war, sondern nur an ihrem Gegenstand[23] Zwar ließ Maximilian Mitarbeiter wie Peutinger, Cuspinian, Vadian, Beatus Rhenanus Nachforschungen anstellen, um an der Wiederentdeckung, Edition und Erschließung mittelalterlicher Autoren zu arbeiten und um somit Verlorenes oder Vergessenes der Vergangenheit zu retten, jedoch sei es ihm dabei vor allem um die *Istory* gegangen, also um die idealisierten Vorstellungen von einer Welt der Ehre und des Abenteuers, die er in der heimischen Heldensage und der Artusepik fand, nicht jedoch um den Besitz der Bücher selbst.[24] Bei den (durchaus bezeugten) Visitationen von Klosterbibliotheken ließ Maximilian die ihn interessierenden Bücher nicht beschlagnahmen oder beim Sieg über innenpolitische Gegner deren Buchbesitz pfänden, sondern entlieh sie zum Abschreiben aus den Bibliotheken ihm verbundener Adelshäuser.[25] Dies erklärt dann auch den nur bescheidenen Buchbesitz Maximilians. Seine Innsbrucker Büchersammlung von 329 Bänden entspricht vom Umfang her nicht einmal der Hälfte des Bestandes einer durchschnittlichen Klosterbibliothek des Spätmittelalters und ist nicht größer als etwa die des niederadligen Standesgenossen Anton von

---

19 Martin Wierschin führt den 'Theuerdank, 'Weißkunig' und den 'Triumphwagen-Entwurf' hierfür an. M. Wierschin, 2005 (1976), S. 102.
20 M. Wierschin, 2005, S. 119 ff.
21 Wierschin, 2005, (1976), S. 119, verweist auf die Vermutung von E. Egg, Der Schlern 28, 1954, S. 136.das 'Heldenbuch' sei „mehr für den Privatgebrauch des Kaisers bestimmt" gewesen. Ebenso fragt Martin Schubert: „Handelt es sich bei diesem Buch um einen Beitrag zur Verschriftlichung früherer Wissensbestände, um eine Art Heldenindex für die kaiserliche Privatbibliothek?" Ein zur Verbreitung drängendes Sendungsbewusstsein sei im Falle des 'Ambraser Heldenbuchs' nicht festzustellen. Der Auftraggeber sei im Werk in geradezu mittelalterlich anmutender Bescheidenheit nicht genannt und in keiner Weise repräsentiert. M. Schubert: „Funktionen der Vergangenheit...",2009, S. 281.
22 M. Wierschin, 2005, S. 120.
23 Theodor Gottlieb, 1900, S.50.
24 Jan-Dirk Müller: „Kaiser Maximilian I...", 2000, S.462.
25 Nicola Kaminski: „Die Unika...", 2009, S.188.

Annenberg.[26] Anders habe es Maximilian mit den Büchern, die aus dem Besitzt der Herzöge Burgunds an ihn übergingen, gehalten, so Jan-Dirk Müller. Diese habe er nur ihres materiellen Wertes wegen geschätzt. Deshalb habe er sie, wie schon Karl der Kühne vor ihm, seinen für Kleinodien zuständigen Hofleuten anvertraut. Von „einer nachhaltigen Wirkung", die diese Bücher auf Maximilian hatten, „aber hört man nichts".[27]

Es stehe „außer Zweifel", so jedoch Daniela Buschinger, dass Maximilian sich mit den Bibliotheken auf das lebhafteste beschäftigte. Die burgundischen Bibliotheken, die zu den kostbarsten der damaligen Welt gehörten, haben ihm die Welt der Epen und der Geschichte erst recht erschlossen, postuliert sie, so zum Beispiel eine Ritterdichtung wie *Gestes du Comte Gerard de Roussillon*, von Jean Vauquelin.[28]

Ob der Buchbesitzer Maximilian die Bestände, in die er durch Erbschaft oder Heirat gelangt war, lediglich in seinen Besitz eingegliedert hat oder ob und unter welchen Aspekten er sich dafür interessiert hatte, sei heute nicht mehr nachprüfbar, so Frank Fürbeth.[29]

Man dürfe bei Maximilian zwar mit einem umfassenden literarischen Interesse an *heldenpüechern* rechnen, die enthielten, was man modern das kulturelle Gedächtnis des mittelalterlichen Adels nennen könnte, nicht aber mit „einem künstlerischen Gesamtkonzept", was die Restaurierung der Fresken auf Burg Runkelstein, sowie das 'Ambraser Heldenbuch' betreffe.[30]

Angela Mura schließt sich hingegen Wierschins' Überlegungen, insbesondere in Bezug auf die Fresken von Burg Runkelstein an.[31] Der fast gleichzeitige Beginn beider Projekte, der von Maximilian I. angeordneten Restaurierung der Fresken von Runkelstein, *der guten alten istori* wegen, sowie der Auftrag an Hans Ried, am 14.April 1504[32], machten es wahrscheinlich, dass beide Projekte nicht nur in ideeller, sondern direkt miteinander in Verbindung stehen. Beide Projekte verdankten sich Maximilans I. Plan einer Wiederbelebung (im Sinne von *vernewen*, wie von J. D. Müller 2000 beschrieben[33]) der *guten alten istori*, verstanden als verschlüsselter historiographischer Überblick zum Zwecke dynastischer Selbstlegitimierung. Zwar seien in den Runkelsteiner Fresken bisher keine Themenschwerpunkte mit klarem, direktem Bezug auf die

---

26 Frank Fürbeth: „Historien' und 'Heldenbücher'...", 2009, S. 154.
27 Zwar sei die ältere Forschung , wo sie das „burgundische Erlebnis" des jungen Thronfolgers beschrieb regelmäßig ins Schwärmen geraten, hätte aber nur wenig Konkretes vorbringen können. Jan-Dirk Müller: „Archiv und Inszenierung...", 1998, S. 116.
28 Handschrift der Hofbibliothek in der Burg zu Wiener-Neustadt, Codex 2549 (Nov. 457), saec. XV., die wie Theodor Gottlieb herausfand auf die Herzöge von Burgund zurückgeht. D. Buschinger, „Die Literatur...", 2009, S. 336.
29 Frank Fürbeth: 2009, S. 151.
30 Jan-Dirk Müller: Kaiser Maximilian I. und Runkelstein, 2000, S. 465.
31 „Daß hinter diesem dreifachen Unternehmen (Grabmal, Fresken, *heldenpuch*) ein für Maximilian charakteristisches Gesamtkonzept stand, ist unverkennbar." M. Wierschin, 2005 (1976), S. 116.
32 Nur 4 Tage später befehle Maximilian I. dem Maler Friedrich Lebenpacher sich mit zwei kompetenten Assistenten nach Runkelstein zu begeben, um *alles gemeld und arbeit* in Augenschein zu nehmen. A Mura, 2008, S. 71.
33 Jan Dirk Müller: Kaiser Maximilan I. und Runkelstein, in: Bilderburg, 2000, S. 459-468, zit. nach Angela Mura, 2008.

literarischen Texte des 'Ambraser Heldenbuchs' gefunden worden[34], die intensivere kritische Beschäftigung mit den Fresken in den letzten Jahren, habe jedoch den Eindruck verstärkt, dass deren darstellerische Detailgenauigkeit ohne die fallweise Anlehnung an die mittelalterliche Literatur und ohne eine Gegenüberstellung mit den entsprechenden Texten nicht denkbar wäre.[35]

Die Existenz einer Bibliothek auf Schloss Runkelstein, aus deren Werken sich Hans Ried bei der Herstellung des 'Heldenbuchs' bedient haben könnte, sei also durchaus wahrscheinlich, zumal sich auf dem Stammsitz des damaligen Schlosspflegers (von 1500-1528) Georg von Frundsberg[36], laut Bibliotheksinventar vom 25. September 1589, eine der damals reichsten, heute leider verschollenen Büchersammlungen, befunden haben musste.[37] Ebenso vermutete schon Theodor Gottlieb, der Bücherschatz Maximilians I. sei auf einem der Schlösser in der Umgebung Innsbrucks, in Wiener Neustadt oder noch anderwärts aufbewahrt worden.[38]

Da sich der nachweisliche Sammeleifer Maximilians offensichtlich nicht auf seinen Stolz reduzieren lässt als einer der größten Bücherbesitzer zu gelten und es andererseits schon durch sein umfangreiches „gedechtnus"-Projekt[39] als gesichert gelten kann, dass Maximilian an inhaltlichen Konzepten interessiert war, kommt der These bei der Zusammenstellung des 'Heldenbuchs' habe der Zufall gewaltet kaum Wahrscheinlichkeit zu.

I.1 Das Ambraser Heldenbuch als Programm und Absicht

Folgt man n i c h t der Überlegung M. Wierschins, es handele sich beim 'Ambraser Heldenbuch' um einen Torso, das 'AH' sei eines der vielen unvollendeten Projekte Maximilians I.[40], es sei also deshalb nicht mehr zu einer einführenden Präambel gekommen, und geht man n i c h t von der Annahme aus, hier habe der Zufall seine Hand im Spiel gehabt, dann drängt sich die Vermutung auf, dass die Texte implizit von Maximilians Absichten und programmatischen Vorstellungen

---

34 A. Mura, 2008, S.73.
35 A. Mura, 2008, S.72.
36 Georg I. Von Frundsberg hatte die Schlossverwaltung vom 25. September 1500 bis zu seinem Tod am 20. August 1528 inne. A. Mura, 2008, S.74
37 Auf derer Mindelburg in Mindelheim/Schwaben habe es eine Bibliothek mit 616 Handschriften und Inkunabeln gegeben, der Großteil aus der 2. Hälfte des 15. und aus dem 16. Jahrhundert, aber einige davon *alt deutsch geschrieben* , aus dem 14. Jahrhundert, wenn nicht füher. A. Mura, 2008. S.74.
38 Ein Teil der Handschriften die Maximilian I. besaß sei „mit Bestimmtheit" nicht im Innsbrucker Verzeichnis enthalten. Theodor Gottlieb: „Büchersammlung Kaiser...",1990,
    S. 76.
39 Insbesondere 'Freydal', 'Weißkunig', 'Teuerdank', die Riesenholzschnitte 'Triumphzug' und 'Ehrenporte', sowie sein Grabmal und die Fresken Runkelsteins.
40 M. W. Wierschin erklärt sich das Fehlen dieser programmatischen Elemente damit, es handele sich bei der Textsammlung um einen „Torso", also um einen von vielen Vorhaben, die von Maximilian sowohl im künstlerischen als auch politischen Bereich nicht zu Ende geführt wurden. Denn über die Bedeutung des 'Ambraser Heldenbuches' für Maximilian I gebe es keinen Zweifel. Dieser habe durch ständiges, „ganz persönliches Insistieren" ja überhaupt erst dafür gesorgt, dass das "Heldenbuch" in seinem schließlichen Umfang zustande kam. M. W: Wierschin, 2005, S. 102.

handeln.

Zum einen müsste man dann mit der Möglichkeit rechnen, dass für Maximilian und seine Mitarbeiter am 'AH' die, mit manchen Texten für die Zeitgenossen gegebenen Bezüge so offensichtlich erschienen, dass sie meinten auf eine gesonderte Einführung verzichten zu können. Zum anderen müsste man auch in Betracht ziehen, dass es Maximilian I. und seinen Mitarbeitern in manchen Fällen durchaus auch um Diskretion ging, sie sich nicht in die Karten blicken lassen wollten, sich die eindeutige Absicht der Texte und ihrer Botschaft also nicht unmittelbar erschließen sollte, sondern hinter der gebotenen Mehrdeutigkeit erst durch engagiertes Mitdenken erschlossen werden sollte.

Im letzten der Texte, die in die Sammlung des 'AH' aufgenommen wurden, im 'Priesterkönig Johannes', scheint die implizit gegebene Botschaft, die Maximilian mit der Aufnahme in die Sammelhandschrift geben will, weitgehend deutlich. Das Reich des Priesters Johannes könnte als Vorbild für Maximilians eigene Ambitionen, die Welt als deren weltliches und geistliches Oberhaupt zu beherrschen, gedient haben. Sein Papstplan von 1511 als auch seine Versuche Spanien und Portugal unter seine Herrschaft zu bringen wären hier beweiskräftig.[41] In der Versübersetzung des Briefes vom 'Priesterkönig Johannes' werde die Vorstellung von einem ewigen und globalen Friedensreich entwickelt, so Kurt Gärtner, kein anderer Text des 'A.H' komme den Ideen seines Auftraggebers Maximilian I. so sehr entgegen.[42]

Hier soll nun entgegen skeptischer jüngerer Einschätzungen, die Konzeption und Intention des *Ambraser Heldenbuchs* doch noch klären zu können[43], durch eine Betrachtung des ersten Textes der Handschrift, der *Frauenehre* des Sticker, eine Beantwortung der Frage versucht werden, warum Maximilian I. denn überhaupt den Auftrag zum Schreiben des Heldenbuches erteilte und welches die möglichen Motive zur Zeit der Auftragserteilung waren, das 'Heldenbuch' mit einem Fragment der 'Frauenehre' des Stricker beginnen zu lassen.

---

41 So Klaus Ammann: Kaiser Maximilians erfolgreiches *alter ego* im Kampf um weltliche und geistliche Macht. Zum Priesterkönig Johannes im Ambraser Heldenbuch, 2008, S. 129.
42 Kurt Gärtner: „Hartmann von Aue im 'Ambraser Heldenbuch'...", 2008, S. 201.
43 „Einige Fragen an das Ambraser Heldenbuch, vor allem zu Konzeption und Intention, werden sich wohl gar nicht mehr klären lassen." Martin J. Schubert: „Offene Fragen, 2008, S. 120. Es falle schwer in den Texten des Ambraser Heldenbuchs „ein 'Handschriften-Programm' verwirklicht zu sehen; weder der Gattung noch den Inhalten nach läßt sich eine Einheit konstruieren, und ganze bemühte Suche der bisherigen Forschung nach einem roten Faden scheint mir vergeblicher als bei vielen anderen Mischhandschriften, denen ebenfalls kein thematischer Sinn zur Zusammenstellung zu entnehmen ist. Wir werden uns wohl damit abfinden müssen, daß das Ambraser 'Helden'-Buch eher einem vielseitigen Antiquitäten-Laden gleicht als einer mit Liebe gehegten Spezial-Sammlung." Ulrich Seelbach: „Späthöfische Literatur...", 1987, S. 108.

Vor der Analyse und Deutung des *Frauenehre*-Fragments noch einige notwendige Anmerkungen zum Handschriften-Horizont, der dem 'Ambraser Heldenbuch' vorgelagert war und zur möglichen pragmatischen Funktion der Prachthandschrift.

II Eine Handschrift im Zeitalter der technischen Reproduzierbarkeit

Dass Maximilian I. die alten und neuen Medien virtuos und unglaublich vielfältig zu nutzen verstand[44], wird in der Forschung immer wieder hervorgehoben.[45] So datiert der früheste bekannte Druck politischer Propaganda Maximilians I. schon auf das Jahr 1478.[46] Da Maximilian sein Ruhmeswerk[47] „nahezu ausnahmslos zur Reproduktion" bestimmt[48], drängt sich die Frage auf, warum lässt er das 'Heldenbuch' nicht ebenfalls als Druck realisieren?[49] Zumal 'Heldenbücher' bereits vor 1500 als Druck vorliegen.[50] Weshalb eine Handschrift im Zeitalter der technischen Reproduzierbarkeit von Kunstwerken?[51] Unter den literaturpolitischen Projekten Maximilians dürfte der 'Theuerdank' am ehesten mit dem 'Ambraser Heldenbuch' vergleichbar sein. Nicht nur, weil

---

44 Dieter Mertens: „Mittelalterbilder ...",1992, S.38
45 Stephan Füssel bezeichnet Maximilian I. als den ersten Herrscher der Neuzeit, der bewusst und zielgerichtet die neuen Möglichkeiten des Buchdrucks, aber auch die „alten" Medien der mündlichen Rede, der bildenden Kunst, des Volkslieds etc. zum eigenen Herrschaftserhalt und zur Vermehrung des Ansehens seines Hauses Habsburg eingesetzt habe. Stephan Füssel: "Der Theuerdank...", 2003, S. 7.
46 Ein allgemeines „Ausschreiben" mit der Aufforderung an Söldner für einen Kriegszug gegen König Ludwig XI. Zu stellen, das mit dem 18. Januar 1478 in Antwerpen datiert ist. S. Füssel, 2003, S. 22.
47 Jan Dirk Müller:versteht unter Ruhmeswerk insbesondere den 'Freydal' (zum Roman stilisiertes Turnierbuch), den 'Theuerdank' (eine Verbindung aus Autobiographie, Abenteuerroman und Allegorie), den 'Weißkunig' (Geschichte des Hauses Habsburg, romanhaft und verschlüsselt), sowie die Holzschnitte 'Triumphzug' und 'Ehrenpforte'. J.D. Müller: „Gedechtnus..", 1982, v
48 J. D. Müller, 1982, S. 268.
49 So weist auch Martin Schubert jüngst darauf hin, dass sich bei den von Maximilian betreuten Werken meist eine „zwiefältige Publikationsstrategie" beobachten lasse: Das prächtige Einzel-Exemplar stehe der – wenn auch kleinen – Serie, der medialen Vervielfältigung durch Druck oder Holzschnitt gegenüber, so z.B. im Falle von *Ehrenpforte* und *Triumphzug*. Nur beim *Ambraser Heldenbuch* sei dies anders, hier fehle die breitere Publikation, es liege nur das kaiserliche Prachtexemplar vor. Ein zur Verbreitung drängendes Sendungsbewusstsein sei hier nicht festzustellen. M. Schubert: „Funktionen...",2009, S. 281.
50 So nach hervorragenden Holzschnitten reich illustriertes Heldenbuch von 1479, das von Johann Prüß dem Älteren in Straßburg hergestellt wurde (Joachim Heinzle, „Dietrichepik...", 1999, S. 44) und ein von Hans Schönsberger 1491 gedrucktes Heldenbuch in Augsburg.
51 Martin J. Schubert: „Offene Fragen...", 2008, S. 119. „Alle Anzeichen deuten darauf hin, dass das Ziel des Heldenbuchprojekts nur dieses eine Exemplar war." Martin Schubert vermutet ein privates, primär literarisches Interesse könne der Grund gewesen sein. „Das Entstehen nur eines einzigen Exemplars, ohne die Option auf eine gezielte Verbreitung, könnte so verstanden werden, dass das Werk gerade nicht in den öffentlichen historischen Legitimierungsdiskurs eingebunden sein sollte, sondern in der Tat auf die – wenn auch historisch ausgerichtete – private Betrachtung des Kaisers zielte. Wenn aber dieses Buch nicht am *Gedechtnus*-Werk funktionalisiert wurde, dann äußert sich hier vielmehr ein wahrhaft literarhistorisches Interesse, dessen professionelle Anwendung in der Textauswahl erkennbar ist. Dem Kaiser sollte eingeräumt werden, neben sekundären Interessen hier auch ein primär literarisches Interesse verfolgt zu haben. M. Schubert, 2009, S. 284.

auch der 'Theuerdank' in „Form, Maß und Weis der Heldenbücher" geschrieben wurde, wie der Propst Melchior Pfinzing in seiner programmatischen Vorrede erklärt.[52] Auch der betriebene Aufwand und die Ausstattung des 'Theuerdank' kommen dem des 'Ambraser Heldenbuchs' nahe. Es kommt ein von Maximilians Drucker und Formschneider eigens entwickeltes Druckverfahren in Anwendung, das den Schrifttyp der Prunkschrift der Reichskanzlei imitiert. Die Art der Ausstattung soll offensichtlich die Reproduzierbarkeit des 'Theuerdank' verschleiern und den Anschein erwecken hier handele es sich um ein handschriftliches Original. Seinen Hofbuchdrucker Hans Schönsperger verpflichtet Maximilian I. in Bezug auf das Herstellungsverfahren zu strikter Geheimhaltung und behielt sich selbst die Verwendung der Erfindung vor.[53] Der 'Theuerdank' wurde 1517 in einer exklusiven Auflage von 40 Pergamentexemplaren und 300 Papierexemplaren gedruckt, die Auslieferung allerdings bis nach dem Tod Maximilians zurückgehalten.[54] Die Verfügungen Ferdinands über das *austailen* der gedruckten Exemplare berufen sich auf eine ältere Weisung Maximilians. Der Kaiser hatte also offenbar für das Verteilen seines 'Theuerdank' einen ausgewählten Kreis von Adressaten im Auge, nicht die mittels der Reproduzierbarkeit im Allgemeinen erreichbare Öffentlichkeit. Die bewusste Rekonstruktion, der erweckte Anschein beim Theuerdank handele es sich um eine Handschrift, zielt, wie auch die Technik der Verschlüsselung der Inhalte[55], wohl darauf das Werk mit einer Aura der Exklusivität auszustatten, zu der nur ganz wenigen Auserwählten Zutritt gewährt wird. Da die durch den Druck gegebene Reproduzierbarkeit die Texte einer Vielzahl von Empfängern zugänglich macht, besitzen sie nicht mehr den Charakter der Einzigartigkeit und Exklusivität.

Anspruchsvolle Bibliophile, wie der Herzog Federigo von Urbino, widersetzten sich denn auch dieser Vulgarisierung, indem sie ihre Bibliothek auf die kostbaren, individuell ausgestatteten Handschriften beschränkten.[56]

Orientieren konnte sich Maximilian bei der Herstellung seines kostbaren 'Ambraser Heldenbuchs', neben „den drei oder vier wichtigsten *Heldenbüchern*"[57], an Prachthandschriften im Besitz des

---

52 S. Füssel, 2003, S. 38. Die Vorrede ist seiner „Küniglichen Mayestat", dem „durchleüchtigisten Fürsten unnd herzen hern Carlen Künigen zuo Hispanien u. Ertzherzogen zuo Osterreych hertzogen zuo Burgundi u. meinem allergnedigisten hern gewidmet. 'Die Abenteuer des Ritters *Theuerdank* (Faks. Nachdr.), 2003.
53 J. D. Müller, 1982, S. 269.
54 S. Füssel, 2003, S. 13.
55 Die historischen Namen im *Theuerdank* sind verschlüsselt, die historischen Ereignisse in einen neuen Zusammenhang gebracht. Der Darstellung ist deshalb ein Schlüssel (Clavis) beigegeben. J. D. Müller, 1982, S. 109.
56 J. D. Müller, 1982, S. 269.
57 *Dresdner Heldenbuch* Kaspars v. d. Rhön, 1472 für Herzog Balthasar v. Mecklenburg geschrieben, mit Ortnit, Wolfdietrich, Ecke, Rosengarten, Meerwunder, Sigenot, Wunderer, Herzog Ernst, Laurin, Dietrich und seinen Gesellen, Jüngerem Hildebrandslied;, *Straßburger Heldenbuch* 1476 mit unikaler Vorrede zur Sagengeschichte, Ortnit, Wolfdietrich, Laurin, Rosengarten; *Lienhart Scheubels Heldenbuch* 1480/1490 mit Virginal, Anteloy, Wolfdietrich, Lorengel. Martin Wierschin: „Das Ambraser Heldenbuch...", 2005 (1976), S.101. Das älteste bekannte Heldenbuch ist eine aufwendige rheinfränkische Handschrift aus der ersten Hälfte des 14. Jahrhunderts, von der Fragmente des 'Eckenliedes', der 'Virginal', und des 'Wolfdietrich' erhalten sind. Joachim Heinzle: „Einführung...", 1999, S. 43.

europäischen Hochadels[58], so z.b. den illustrierten Prachthandschriften, die Graf Johann III. nach 1437 von den deutschen Übersetzungen französischer chansons de geste, wie *Herpin und Loher,* seiner Mutter Elisabeth von Nassau-Saarbrücken anfertigen ließ.[59] Die Übersetzung des *Herpin* von Elisabeth wird insgesamt in drei stark voneinander abweichenden illuminierten Handschriften überliefert[60] Der *Herpin,* der schwäbischen Werkstatt zur Herstellung von Handschriften, Ludwig Henfflin, wird noch nach 1470 für Margarete von Savoyen[61] hergestellt. Maximilian hat sicherlich das 1447 für Herzog Philipp den Guten fertiggestellte „sogenannte burgundische Nationalepos"[62] *Girart de Roussillon,* das als Meisterwerk flämischer Buchmalerei gilt, gekannt. Hochadligem Standard entsprach auch *Les epistres de l' abbesse Héloise,* eine aufwendige Pergamenthandschrift mit großformatigen Illustrationen, die allem Anschein nach flämischen Ursprungs sind und wohl kurz um oder kurz vor 1500 entstanden, sie wurden für das englische Königshaus hergestellt, denn der Einband trägt die Wappen von Heinrich VII. (1485-1509), seiner Ehefrau Elisabeth von York (gest. 1503) und beider Sohn Heinrich, Prinz von Wales.[63] Die Werke des Königs René von Anjou, *Le livre de Tournois,* ein Turnierbuch, etwa 1450, *Mortifiement de vaine plaissance* (Die Abtötung leerer Eitelkeiten), 1455 und das *Livre du cuer d'amour espris* (Das Buch vom liebesentbrannten Herzen) werden jeweils in mehreren illuminierten Handschriften hergestellt. Das letzte, um 1460 entstandene Werk, Renés größter und berühmtester Roman, gehört mit seinen 16 Episodenbildern „zum Großartigsten überhaupt", was die französische Miniaturmalerei im dritten Viertel des 15. Jahrhunderts hervorbrachte.[64]

Ebenso dürfte Maximilian das, vom Gatten seiner Schwester Kunigunde (1465-1520), dem bayerischen Herzog Albrecht IV. (1465-1508), in Auftrag gegebene *Buch der Abenteuer* mit seinen 80.000 Versen Grals- und Artusepik bekannt gewesen sein. Die von Ulrich Füetrer etwa zwischen 1471/72 und 1491/95 hergestellte Prachthandschrift[65], wird wie das 'Ambraser Heldenbuch' also,

---

58 Heimo Reinitzer verweist auf die unterschiedliche Realisierung des 'Ambraser Heldenbuches' im Verhältnis zu anderen Heldenbüchern: „Das Ambraser 'Frauen- und Heldenbuch' unterscheidet sich von handschriftlichen und gedruckten Heldenbüchern (von denen der Kaiser sicher einen besaß) und es unterscheidet sich von dem 'Buch der Abenteuer' des Ulrich Füetrer, der eine modernisierende 'Heldenharmonie' vefaßte." „Mauritius von Craûn" hg. von H. Re initzer, 2000, S. XII.:
59 Die *Loher* Handschrift kennzeichnet Graf Johann III. nach 1455 durch sein Wappen und die Insignien des 'Ordre du croissant' als seinen Besitz. (J.-D. Müller, „Späte chanson de geste...", 1989, S. 214), Insgesamt bildeten die vier übersetzten Historien, Herpin – Sibille -Loher -Hug Scheppel eine Einheit, wie die gleichartig ausgestatteten Prachthandschriften bezeugten. Jan-Dirk Müller (Hg.): „Romane des 15. und 16. Jahrhunderts..." 1990, S. 1098.
60 So in Heidelberg, Cod. Pal. Germ. 152; Wolfenbüttel, HAB, Cod . 46 Novissimi Fol.; Berliln, SBPK, Ms. Germ. Fol. 464.
61 Margarete war., bevor sie die Ehefrau Ulrichs V. von Württemburg wurde, mit Kurfürst Ludwig IV. von der Pfalz verheiratet.
62 Klaus Graf: „Ritterromantik...", 1999, S. 7 (Zit. nach online-Aufsatz).
63 Alfred Karnein: „De Amore in volkssprachlicher Literatur...", 1985, S. 218.
64 Ernst Trenkler: „Das Livre du cuer...", 1946, S. 1.
65 Großfolioformat (ca. 54,4 cm x 36 cm) auf 149 zweispaltig beschriebenen, mit kunstvollen Initialien und Rankenschmuck versehenen, Blättern aus bestem Pergament (Hs A) Eine gleichaltrige Handschrift (Hs. b) sei wohl von Albrecht IV. seinem Schwager Maximilian I. etwa 1493 geschenkt worden, so Kurt Nyholm 'Die Gralepen in Ulrich Füeters Bearbeitung'. Bernd Bastert: „Der Münchner Hof und Füetrers...", 1993, S. 155,. hält dies allerdings nicht für sehr wahrscheinlich, da das Werk vermutlich noch nicht beendet

über einen längeren Zeitraum hin und in Versform (Titurelstrophen) realisiert. Noch im Jahr 1515 lässt Maximilians Tochter Margarete, seit 1507 Regentin der Niederlande im Auftrag Maximilians I., eine aufwendig illustrierte Handschrift anlässlich der Feierlichkeiten zur Volljährigkeit ihres Neffen Erzherzog Karls herstellen, *L' entrée du Prince Charles a Bruges*. Diese Handschrift verbleibt in der Bibliothek von Margaretes Hof in Mechen. Zwar wird auch eine der Popularisierung dienende gedruckte Fassung hergestellt, jedoch ist es für die standesgemäße Teilhabe am Diskurs des europäischen Hochadels offenbar weiterhin notwendig über eine kostbare Handschrift zu verfügen, die als repräsentatives Objekt prominenten Besuchern dargeboten werden kann.[66]

Ist der 'Theuerdank' also für einen mehr oder weniger exklusiven Kreis bestimmt, einem noch exklusiveren sollte vermutlich ein illuminiertes Gebetbuch dienen[67], dann muss damit gerechnet werden, dass der Zweck des 'Ambraser Heldenbuches' dem exklusivsten Kreis vorbehalten war, dem engsten Familienkreise der Habsburger also.

Das Ambraser Heldenbuch als „Kuriosität", das kein zeitgenössisches Publikum intendierte, ja den zeitgenössischen Leser geradezu negierte und keine diesbezügliche Zwecksetzung hatte[68], wird als Vermutung obsolet, stellt man folgende Überlegung an: Hätte Maximilans' *Ambraser Heldenbuch* Eingang gefunden in die Bibliothek der Regentin der Niederlande, dann hätte es hier sicherlich schon seines äußeren Erscheinungsbildes wegen, als kostbares Exemplar einer illuminierten Prachthandschrift, Aufmerksamkeit gefunden. Als von Maximilian geschätzte repräsentative Sammlung deutscher Dichtung hätte sicherlich auch sein Inhalt die Neugier des erlauchten Besucherkreises erregt.[69] In die Bibliothek Margaretes gelangte ja nur entweder der hohe Adel ihres eigenen Herrschaftsbereiches oder aber hochadliger Besuch aus anderen europäischen Ländern, z.B. im Kontext von Gesandtschaften der Könige Spaniens, Englands und Frankreichs.[70] Zudem prominente Gelehrte und Künstler, wie Erasmus von Rotterdam und Albrecht Dürer.[71] Die europäische Elite aus den Bereichen der Macht und der Bildung also. Stellt man ein solches Szenarium in Rechnung, wird die Behauptung, das 'Ambraser Heldenbuch' sei nicht als

---

gewesen sei und Albrecht IV. und Maximilian I. sich zu dieser Zeit wegen der Okkupation Regensburgs im Konflikt befunden hätten. Allerdings vermittelt Maximilian noch im Mai 1492 einen Frieden und es kommt zur Aussöhnung mit Friedrich III.

66 Dagmar Eichberger: „Leben mit Kunst...", 2002, S. 337.

67 Ein ausgedrucktes Exemplar wurde von verschiedenen Künstlern – Dürer, Burgkmair, Cranach, Baldung, Grien, Jörg Breu – mit Randzeichnungen versehen. J. D. Müller, 1982, S. 270.

68 Ulrich Seelbach: „Späthöfische.Lteratur...", 1987, S.110.

69 Von Besuchern wie Erasmus von Rotterdam, Albrecht Dürer und Antonio de Beatis seien wir darüber informiert, dass die Bibliothek hochgestellten Gästen zugänglich gemacht wurde. Auch die Ausstattung der Bibliothek weise darauf hin, dass der Raum eine bedeutende Rolle innerhalb des Palastes spielte und deswegen wie das *premier chambre* auf Außenwirkung angelegt gewesen sei. D. Eichberger, 2002, S. 124.

70 Fungiert die Bibliothek als höfischer Repräsentationsraum, so gewährt Margarete nur in Ausnahmefällen Gästen Zutritt zu ihrem *petit cabinet* mit kleinen Kostbarkeiten, das Margaret auch zur Erledigung von Schreibarbeiten nutzte. D. Eichberger, 2002, S.387.

71 D. Eichberger, 2002, S.124.

„vorzeigbares Prachtexemplar gedacht"[72] gewesen, ins gerade Gegenteil verkehrt.

Ein Blick auf die wichtigsten Ereignisse im Zeitraum von Planung und Entstehung des 'Heldenbuchs' macht ebenfalls dessen Funktion als 'Familienbuch', als auf den burgundischen Teil der Familie zielendes Werk wahrscheinlich.

II.1 Eine Prachthandschrift als Hochzeitsgeschenk?

Ab Okt. 1501, Vorvertrag von Trient, kommt es zur Annäherung zwischen dem französischen König Ludwig XII und Maximilian I. Zwar wehrt sich Maximilian gegen die Forderung des französischen Königs, durch Maximilian mit Mailand belehnt zu werden. Ludwig XII. lockt jedoch mit einem Heiratsvorschlag. Ludwigs Tochter Claudia solle sich mit Maximilians I. Enkel Karl V. verbinden. Dieser Vorschlag schien die Lösung nicht nur der Mailänder Frage, sondern auch endgültig der burgundischen und noch immer offenen neapolitanischen Frage zu versprechen, da früher oder später all diese Gebiete wieder an das vereinigte Haus Habsburg-Valois fallen würden.[73] Insbesondere der einflussreiche Kabinettssekretär Matthäus Lang scheint an Maximilians Hof einer Annäherung an Frankreich, der einen dauerhaften Frieden bringen sollte, das Wort geredet zu haben. Obwohl Maximilian aufgrund der schlechten Erfahrungen mit französischen Heiratsvorschlägen misstrauisch bleibt, Lösung des Heiratsversprechens zwischen Maximilians Tochter Margarete und König Karl VIII., um stattdessen 1492 Anna von Bretagne heiraten zu können (noch 1503 unterstützt Maximilian mit deutschen Landsknechten den spanischen Gran Capitán Gonzalo Fernandéz de Córdoba im Kampf um die Aufteilung des Königreiches Neapel zwischen Spanien und Frankreich), kommt es am 4. April 1505 zur feierlichen Beschwörung und Ratifizierung des Vertrages durch Maximilian.

Zwischen 1501 und 1505 köchelte also dieses für die europäischen Macht- und Herrschafts-Verhältnisse so eminent wichtige Heiratsprojekt. Maximilian wird also spätestens im Laufe des Jahres 1504 davon ausgegangen sein, dass eine Verbindung zwischen Habsburg und Frankreich möglich sei und wird angesichts seiner eigenen leidvollen Erfahrungen bei der Verbindung mit Maria von Burgund 1477 vielleicht zu der Ansicht gelangt sein, sein Enkel solle bei der dann potenzierten Einbindung in die französich/burgundische Kultur nicht völlig hilflos deren suggestiver Kraft ausgesetzt sein und damit Gefahr laufen, wie es ihm selbst drohte, von deren Blendkraft überwältigt zu werden. In diesem Sinne schien Maximilian wohl die Begleitung seines Enkels und dessen Gefolges an den französichen Hof durch eine Mitgift, die den wichtigsten literarischen

---

72 U. Seelbach, 1987, S. 110.
73 Manfred Hollegger, 2005, S. 113.

Besitzstand deutschsprachiger Kultur repräsentierte, als unverzichtbar. Das kostbare Buch sollte also vermutlich nicht nur dem Zweck dienen prestigeträchtiges Hochzeitsgeschenk zu sein, sondern es sollte wohl auch als Korrektiv fungieren, das die Vorstellungswelt deutscher Provenienz dem Enkel nahe bringen konnte und somit geeignet war, einer Entfremdung des Enkels, sowie des Sohnes entgegen zu wirken. Es hätte einen ideologischen Rückhalt bieten und somit den Einfluss des Großvaters auf die weitere Entwicklung von Sohn und Enkel sicherstellen können.[74]

Dieses vermutlich ursprüngliche Motiv Maximilians ein prächtiges 'Heldenbuch' schreiben zu lassen, wird dann jedoch jäh obsolet als Ludwig der XII., nachdem er die Belehnung mit Mailand durch Maximilian (7.April 1505) erreicht hatte, die Zusage einer Heirat zwischen seiner Tochter Claudia und und Maximilians Enkel Karl V. platzen lässt. Maximilian und Philipp, Großvater und Vater müssen enttäuscht feststellen, dass sie den Lockungen des französischen Königs erfolgreich auf den Leim gegangen sind. Im August 1505 verständigt eine französische Gesandtschaft Maximilian erstmals offiziell von der Rücknahme der Zusage zur Heirat zwischen Karl und Claudia. Im Mai 1506 kündigt Ludwig XII. offiziell den Heiratsvertrag von Blois.

III Adlige Öffentlichkeit und *Heldenbuch*

Parallel zu seinen Projekten Runkelstein-Fresken' und 'Ambraser Heldenbuch' mit denen sich Maximilian der *guten alten Istory* widmet, betreibt Maximilian sein volkssprachliches 'Ruhmeswerk'.[75] In den Selbststilisierungen der autobiographisch angelegten Erzählungen Freydal, Theuerdank und Weißkunig, die Maximilian mit Hilfe seiner geschulten Sekretäre und humanistisch gebildeter Gelehrter als historiographische Kollektivarbeit realisiert, macht Maximilian offenbar Identifikationsangebote an eine exklusive Rezeptionsgemeinschaft, deren Nähe und Sympathie er sucht, um mittels befestigter Loyalität und Unterstützung jener, die eigene Politik und die Interessen des Hauses Habsburg zu fördern.[76] Von den autobiographisch angelegten Erzählungen wird nur das Versepos *Theuerdank* abgeschlossen und 1517 gedruckt. Ebenso erzwingt der Tod Rieds im Frühjahr 1516 den Abschluss des Unternehmens *Heldenbuch*. Die

---

74 Anfang 1503 reist Sohn Philipp von Spanien kommend, wo er mit seiner Frau Johanna die Anerkennung der Thronfolge durch die Cortes der vereinigten spanischen Königreiche erreicht hatte (J. Brouwer, 2004, S 30), über den Süden Frankreichs nach Tirol. Bei diesem Besuch Philipps in Innsbruck zeigt Maximilian seinem Sohn eine Genealogie aller Herzöge von Österreich, sowie von deren Frauen und Kindern. Theodor Gottlieb, 1900, S. 66. Möglicherweise wird Maximilian bei diesem Zusammentreffen die Notwendigkeit einer weitergehenderen Unterrichtung seines Sohnes, das Verständnis der höfischen Normen und Standards des deutschen Kulturbereichs betreffend, in verstärktem Maße bewusst.

75 Hierzu zählen insbesondere Freydal, Theuerdank, Weißkunig, Triumphzug und Ehrenpforte. Siehe Jan-Dirk Müller: „Gedechtnus...", 1982, S. 104.

76 Gegenüber der traditionellen Forschung hebt J.-D. Müller, 1982, S. 18, hervor, dass es sich in Maximilians Werken nicht um Selbstbekenntnisse handle, sondern um Inszenierungen für die Mit- und Nachwelt.

kaiserliche Sammelhandschrift, nach Wierschin ein Torso, wird von einem neuen Schreiber mit einem Register, der sogenannten *Tabula* versehen und von einem anonymen Maler 1517 illuminiert.[77] Zielt der *Theuerdank* als Teil des 'Ruhmeswerkes' auf die Schaffung oder Befestigung einer „Kultgemeinde", einen Adressatenkreis, der von Maximilian bereits vor der Vervielfältigung des Werks bestimmt wurde, dessen konstitutives Element, da er nicht mehr nur geburtsständisch definiert werden konnte, die Teilhabe an einem poetisch verschlüsselten Wissen gewesen sei, das den Fürsten betraf[78], so ist dies beim Ambraser Heldenbuch keineswegs der Fall. Wird es als ein kostbares Einzelexemplar realisiert und nicht wie der *Theuerdank* als Druckexemplar, wenn auch ein durch ausgeklügelte Technik verschleiertes, so könnte man folgern; das 'AH' spiele in einer anderen Liga. Ist es die Liga des europäischen Hochadels mit seinen Prunkhandschriften[79], so stünde zu vermuten, dass das 'AH' gegenüber diesen idealen Vorstellungswelten eigene Ideale und Ansprüche darstellen will. Es wäre dann Teil eines Diskurses im europäischen Hochadel und hätte durch die Form seiner Ausführung Anspruch darauf, als gewichtiger Diskursbeitrag Beachtung zu finden. Wertet man zahlreiche Ausfertigungen von identischen Abschriften einer Handschriftenvorlage durch Schreibwerkstätten, wie der Diebold Laubers, schon in der ersten Hälfte des 15. Jahrhunderts, als Indiz eines gesteigerten Lesebedürfnisses schon vor der Erfindung des Buchdrucks[80], so könnte dieses gesteigerte Lesebedürfnis auch als Interesse (oder Notwendigkeit) einer Teilnahme am Diskurs des hohen und Hochadels verstanden werden.

Auch wenn es z.B. zutrifft, dass die gewaltige 80.000 Verse umfassende Kompilation von Grals- und Artusepik durch Ulrich Füetrer[81] darauf zielt das Suprematiegefühl des Publikums zu bestätigen[82] und dass Albrecht IV. am Münchner Hof im Akt der Abenteuerbuch-Rezeption die Möglichkeit bereitstellt, ein ständeübergreifendes Gruppengefühl zu entwickeln, da durch die Rezeption des Füertrerschen Werks alle Literaturexperten gleich welchen Standes angesprochen sind, sich durch ihre künstlerisch-literarische Kompetenz gemeinsam von „den anderen", den Nichtwissenden, abzusetzen[83], so spielt doch sicherlich auch für das *Buch der Abenteuer* das Element, Botschaft nach außen zu sein, eine Rolle. Bernd Bastert verweist darauf, dass Ende des 15. Jahrhunderts beinahe gleichzeitig in allen drei großen europäischen Literaturen einander so

---

77 M. Wierschin, 2005, S. 141.
78 J.-D. Müller, 1982, S. 277.
79 Siehe Kapitel II.
80 Gegenüber Frühneuzeithistorikern und Neuzeitgermanisten, die behaupten, der Buchdruck habe allererst ein großes Lesebedürfnis hervorgerufen, könnten Mediävisten plausibel machen, dass der Buchdruck als Antwort auf ein gesteigertes Lesebedürfnis zu verstehen sei. Rüdiger Schnell: „Literaturwissenschaft und Mediengeschichte..." 2009, S. 3. Rüdiger Schnell verwundert, dass innerhalb der deutschen Mediävistik noch stets das Toronto Modell bestimmend war. Die von der Toronto-Schule (Havelock, Goody, Watt, Ong) vorgenommene strikte Kopplung mentaler und medialer Prozesse (etwa *Schriftlichkeit*: Reflexion, Ironie; Kritik, Abstraktion, Fiktionalität, Individualität u.a., *Mündlichkeit*: Unmittelbarkeit, Gemeinschaftlichkeit, Präsenz, konkretes und additives Denken u.a.) lasse sich heute kaum mehr so halten. R. Schnell: Literaturwissenschaft und Mediengeschichte, 2009, S. 8 f.
81 Bernd Bastert, „Der Münchner Hof....", 1993, S. 155.
82 Bernd Baster:t, 1993, S. 271
83 Ein eventuell sogar standesinterne Differenzen, etwa Streitigkeiten zwischen hohem und niederen Adel, zeitweise kaschierendes Gruppengefühl. B. Bastert, 1993, S. 225.

ähnliche, ihrem Anspruch nach sämtliche bekannten Artus- und Gralromane in sich vereinigende, vergleichbare ältere Werke an Stoffmasse weit übertreffende, Zyklen entstanden.[84] Geht man davon aus, dass die Kenntnis bestimmter Literaturen (deren Handlung und zentraler Figuren)[85] als Nachweis der Zugehörigkeit und Gleichwertigkeit in den Reihen des europäischen hohen Adels vorausgesetzt wird, so konnte Füetrers Kompilation hierfür die Voraussetzung schaffen. Angesichts eines Mangels einschlägiger Werke im Besitz der Münchner Herzöge, kann, bei aller „Variationsbreite" der unter ihrer Protektion verfassten und rezipierten Werke[86], Füetrers *Buch der Abenteuer* hier doch Abhilfe schaffen. Dem muss ja nicht widersprechen, dass Füetrer seinen Zyklus so gestaltet, dass er auch für Literatur-Experten interessant sein kann.[87] Demnach wäre Goedekes Auffassung vom *Buch der Abenteuer* als 'Ungetüm', das eine ganze Bibliothek ersetzt so falsch nicht.[88] Füetrers Werk sichert Albrecht IV. und seiner Familie den jederzeitigen Zugriff auf kollektives adliges Traditionswissen und damit ebenso den Anspruch auf Diskurs-Teilhabe.

Zumal sich das 'Ungetüm' auch dazu eignet, etwaigen Zweifeln bei Standesgenossen, ob des rechten Verständnisses der Wittelsbacher in Sachen adlig-höfischen Verhaltens und und Ethos, entgegenzutreten. Schließlich war es noch nicht all zu lange her, dass der zum Thronfolger bestimmte Albrecht III., der Vater Albrechts IV., eine unstandesgemäße Gattin genommen hatte, Agnes Bernauer, die wiederum dessen Vater Herzog Ernst umbringen ließ, um die Missheirat zu beenden.[89] Hierzu wäre auch der Betrug Albrechts IV. im Zusammenhang seiner Heirat mit Kunigunde, Maximilians I. Schwester, zu zählen. Albrecht legt Kunigunde mit Hilfe ihres Onkels Herzog Siegmunds von Tirol eine gefälschte Einwilligungserklärung ihres Vaters, Kaiser Friedrich III. vor, woraufhin Kunigunde zur Heirat bereit ist und am 2. Januar 1487 in Innsbruck die Trauung stattfindet.[90] Ging es in der historischen Wirklichkeit also eher recht ruppig zu, so war ein Bekenntnis zu den Idealen der höfischen Epik mittels eines gewaltigen Epenzyklus sicherlich geeignet, Kritikern aus den eigenen ständischen Reihen, die möglicherweise mangelnde Kenntnis höfischen Wesens oder einen seltsamen Begriff von Ritterehre und Minnedienst monierten, entgegenzutreten.

Das Verhältnis von Füetrers *Abenteuerbuch* und Maximilians *Heldenbuch* sieht Bastert

---

84 Es gebe keine Anhaltspunkte für eine direkte Beeinflussung Füetrers durch den französischen Zyklus von Gonnot, ca. 1470 im Auftrag von Jacques d' Armagnac , Duc de Nemours und Comte de la Marche geschrieben und dem englischen um 1470 beendeten Werk von Thomas Malory. B. Bastert, 1993, S. 283.

85 B. Bastert spricht vom knappen, nur die wichtigsten Fakten resümierenden Erzählstil Füetrers, einer Tendenz zur Straffung. B. Bastert, 1993, S. 234.

86 B. Bastert, 1993, S. 97.

87 Füetrer verfasse das *Buch der Abenteuer* in der Tradition der nachklassischen Gral- und Artusromane, für die vielfältige Bezüge und raffinierte Anspielungen auf ältere Texte geradezu den Konstitutionsgrund ausmachten und die deshalb ein literarisch geschultes Publikum verlangten. B. Bastert, 1993, S. 234.

88 B. Bastert, 1993, S. 234 folgt hier jedoch der Einschätzung von Thomas Cramer: Geschichte der deutschen Literatur im Mittelalter, München 19990, S. 88, der Goedekes' lange Zeit wirkungsmächtige Auffassung, das 'Ungetüm' habe eine ganze Bibliothek ersetzt, umkehrt: „es setzte eine ganze Bibliothek voraus."

89 B. Bastert, 1993, S. 234.

90 B. Bastert, 1993, S. 115.

folgendermaßen:

Sei es bei Maximilian I. Ambraser Heldenbuch um eine nochmalige schriftliche Fixierung bereits vertrauter hochgeschätzter Erzählungen gegangen, also des Niederschreibens der *alten maeren* in „ihrer (vermuteten) Originalform", so weise Füetrers aufwendiges Unternehmen über eine solche Zielsetzung hinaus.[91] Bastert vermutet die Stiftung einer Gruppenidentität qua kultureller Überlegenheit sei der von Füetrer beabsichtigte Zweck seiner Kompilation gewesen. Da literarisches Wissen für die postklassische Gral- und Artusepik – durch eine dichtes, intertextuelles Bezugs- und Anspielungsgeflecht mit den gattungsstiftenden Romanen verbunden – seit je ein geradezu konstitutives Rezeptionselement gewesen sei, habe es sich hervorragend als „Eliteausweis" geeignet. Das Erkennen neuer, von Füetrer geschaffener intertextueller Markierungen habe ein „Gefühl höchster Suprematie" vermitteln können. Einen „besonderen Reiz" hätten dabei die schwer durchschaubaren Anspielungen auf Personen und Situationen der unmittelbaren (höfischen) Umgebung dargestellt, die lediglich von Eingeweihten zu verstehen waren. Diese hätten sich damit ihrer Zugehörigkeit zu einer speziellen *ingroup* vergewissern können.[92] Die auf kulturell-literarischem Expertentum basierende Rezeption des *Abenteuerbuchs* habe dann sowohl für Teile des hohen und niederen Adels als auch des Patriziats, sowie der akademisch gebildeten *litterati* und einiger in höfischer Literatur bewanderter 'bürgerlicher Dilettanten', die Möglichkeit geschaffen, sich zu einer kulturell definierten Führungsgruppe zu rechnen. Eingangsvoraussetzung sei dann künstlerisch-literarische Kompetenz und die Fähigkeit gewesen; ein Feuerwerk von Motivassoziationen und -zitaten von Montage und geschickter Verzahnung unterschiedlicher Romane und weithin bekannter Handlungsketten, von Wolfram-Camouflage und Amalgamierung literarischer Topoi und pseudobiographischer Allusionen verstehend mitverfolgen zu können.[93]

Die Einschätzung der Sammelhandschriften *Buch der Abenteuer* und *Ambraser Heldenbuch* könnte jedoch in beiden Fällen zu kurz greifen.

Denn im Falle von Maximilians Heldenbuch ist insbesondere im Hinblick auf die Unika davon auszugehen, dass es sich keineswegs nur um das Niederschreiben der *alten maeren* in „ihrer (vermuteten) Originalform" handelt.[94] Stattdessen wäre als analytische Ausgangsbasis zu erwägen, dass es sich zumindest bei einem Teil der Unika um 'neue' Texte handelt, Texte also die von

---

91 B. Bastert, S. 152.
92 B. Bastert, S. 153.
93 B. Bastert, S. 272.
94 Nicola Kaminski spricht bei diesen nur im Ambraser Heldenbuch überlieferten Texten jüngst von einer „abwitzigen 'Zufälligkeit' der Unika-Überlieferung. Zwar räumt sie ein, der Zufall habe eine große Rolle spielen können, bei dem was dem einzelnen in die Finger kam, aber angesichts der Quantität der Unika im *AH*, über die Hälfte der Sammelhandschrift sind Unika, sieht sie doch die Erklärung durch Zufall als übertrieben und kaum glaubhaft an. N. Kaminski: „Die Unika im...", 2009, S. 186. Ebenso spricht Kurt Gärtner davon, die vielen Unika machten diese Sammlung zu „einem einzigartigen Objekt der Mittelalterphilologie. Insbesondere die Frage nach den Vorstufen und Vorlagen aller 25 Texte gehörten zu den spannendsten Aufgaben, die sich einer an den Überlieferungsfakten orientierten Forschung stellten. Kurt Gärtner: „Hartmann von Aue im...", 2009, S. 202.

Maximilian I. und seiner literarischen Projektgruppe gedichtet wurden, um im *Heldenbuch* Aufnahme zu finden und denen eine bestimmte Wirkung zugedacht war. Im Hinblick auf das Konstruktionsprinzip der Unika darf davon ausgegangen werden, dass sie (wenn auch in unterschiedlicher Intensität), den Techniken Füetrers, wie von Bernd Bastert dargestellt, in keiner Weise nachstehen. Diese Texte zielen m. E. vorwiegend auf den Hof der habsburgisch-burgundischen Niederlande, wie für die Anfänge des *Ambraser Heldenbuchs* in diesem Aufsatz dargestellt werden soll. Die von Maximilian und seinen 'literarischen Beiräten'[95] produzierten Texte sind aber so konzipiert, dass sie auch an Maximilians Hof und bei deutschsprachigen Rezipienten, die nicht mit französischer Literatur des niederländischen Bereichs vertraut sind, verstanden werden. Es ist jedoch damit zu rechnen, dass sie auch volkssprachliche italienische, spanische und englische Literatur in den Blick nehmen und kommentierend literarisch verarbeiten.

Angemessen zu verstehen wäre das *Heldenbuch* also wohl nur, wenn man es als Teil eines gesamteuropäischen adligen Diskurses versteht, das sich, auf die literarische Tradition beziehend, zeitgenössisch verbindliche Ideale und höfische Lebensformen thematisiert, sowie auch auf aktuelle politische Konstellationen Bezug nimmt. Die Texte des *Heldenbuchs* könnten also auch als Ergebnis einer Selbstverständnisdiskussion zu verstehen sein, die der Literaturkreis um Maximilian führt. Der Kreis dürfte aus hochrangigen Adligen mit auch politischem Gewicht, wie dem Tiroler Landesmarschall (seit 1498) Paul von Lichtenstein[96], Freunden, wie Florian Waldauf zu Waldenstein[97] und Vertrauten, wie Hanns Ried[98], bestanden haben, Parteigängern Habsburgs, die von Maximilian als absolut zuverlässige Vertraute angesehen wurden. Eine verschworene Gemeinschaft Adliger also ist hier am Werk, die unerkannt von Maximilians sonstigen Mitarbeitern am Hof kreativ tätig ist. Eine Runde, die zwar über die Arbeit von Gelehrten und Sekretären am 'Ruhmeswerk' Maximilians im Bilde ist und diese Projekte auch gelegentlich literarisch verschlüsselt kommentiert, selbst jedoch als Dichtungen produzierender Kreis von eben jenen Gelehrten und Mitarbeitern am Hof nicht zu identifizieren ist.

Könnte man also plakativ gesprochen von Maximilians 'Ruhmeswerk' als von einem Projekt reden, dass Maximilian als Vorstand eines europäischen Großunternehmens mit den untergebenen Mitarbeitern seiner Marketingabteilung persönlich leitet, um das Unternehmen europaweit

---

95 Edward Schröder: „Zwei altdeutsche ....", 1913, S. 5, spricht vom „literarischen beirat Paul von Lichtenstein".
96 Die Lichtensteiner besaßen unter Maximilian eine Anzahl Tiroler Herrschaften und Burgen als Lehen oder Pfand. Martin Wierschin, 2005, S. 117.
97 Maximilians persönlicher Freund und Kriegsgefährte aus den flandrischen Kriegen komme eigentlich nur als Koordinator der vielfältigen literarisch-bibliophilen Aktivitäten Maximilians und als „literarischer Beirat" des Heldenbuches in Frage, da er mit Maximilians Neigungen, Zielen und Vorlieben auf das intimste vertraut gewesen sei. M. Wierschin, 2005, S. 133.
98 Wierschin geht davon aus, dass es zwischen dem aus dem Rieder Adelsgeschlecht stammenden Hanns Ried   (S. 123) und Maximilian eine persönliche Beziehung gegeben habe und Maximilian sich bei der Auswahl des *Heldenbuch* Schreibers von ästhetisch-graphischen Überlegungen und Loyalitätsgefühlen leiten ließ. M. Wierschin, 2005, S.127.

voranzubringen, so wäre das *AH* als erarbeitetes Selbstverständnis seiner Selbsterfahrungsgruppe zu verstehen. Maximilian agiert hier als Gleicher unter Gleichen und bringt ebenso seine literarisch fixierten Vorstellungen ein, wie auch die anderen Teilnehmer die ihren. Dies muss nicht immer deckungsgleich sein, wird aber als Teil des literarisch-künstlerischen Ausdrucks und Wettbewerbs toleriert und akzeptiert, wovon die Aufnahme ins *Heldenbuch* Zeugnis gibt.

Im Hinblick auf die Dichtungen des *Abenteuerbuchs*, denen keine Vorlagen zugeordnet werden können, also insbesondere den nur in einem Verzeichnis verschiedener Artus- und Gralhelden 1470 genannten Vertretern 'Pärsiwein' und 'Pottislier'[99] wäre dann, mit Blick auf das *Heldenbuch* Maximilians, ebenso der Frage nachzugehen, ob es sich bei den Dichtungen Füetrers *Persibein* und *Poytislier* nicht auch um Schöpfungen Füetrers handelt, denen gar keine Vorlagen zu Grunde liegen. Die also in eine Reihe bereits bekannter Dichtungen eingeschmuggelt wurden, um ebenfalls den Geltungsanspruch *alter maeren* behaupten zu können.[100] Eine solche glaubhafte Neuschöpfung angeblich tradierter Werke stellte dann zweifellos eine raffinierte Steigerung der Markierungen Füetrers im intertextuellen Bezugs- und Anspielungsgeflecht seiner Dichtungen dar. Sollte sich dieser Gedanke bestätigen, läge die Vermutung nahe, Maximilian habe die Anregung für seine Unika-Konstrukte des *Heldenbuchs* auch von Füetrers *Abenteuerbuch* erhalten. Eine gleichaltrige Handschrift des von Füetrer angefertigten Prachtkodex gelangte in die Ambraser Sammlung und Kurt Nyholm vermutete diese sei Maximilan von Albrecht IV. geschenkt worden.[101]

In der Diskussion um den Begriff „Ritterromantik" wird das auf Johan Huizinga zurückgehende Bild vom 15. Jahrhundert als einer Epoche des Verfalls und der Dekadenz[102], vom Unzeitgemäßen der 'ritterromantischen Texte', von Klaus Graf zurückgewiesen, und mit Bernd Bastert verweist er auf die auch im späten 15. und frühen 16. Jahrhundert noch ungebrochene Kontinuität eines jahrhundertealten literarisch-kulturellen Wissens.[103] So sinnvoll es erscheint, vor platten Verweisen auf die vermeintliche Gesetzmäßigkeit des sogenannten Territorialisierungsprozesses zu warnen und die Forderung nach einer unvoreingenommenen Betrachtung der Zeugnisse literarischer Kontinuität zu stellen, so problematisch könnte es jedoch auch sein, all zu sehr den Gedanken vom Fasziniertsein der Rezipienten von den alten Texten zu strapazieren. Denn wenn Klaus Graf, der Beschreibung Ingeborg Gliers folgend[104], das *Ambraser Heldenbuch* als „eine erlesene

---

99 B. Bastert, 1993, S. 20.

100 Für *Persibein, Poytislier und Flordimar* sind keine Vorlagen erhalten. B. Bastert, 1993, S. 159.

101 Nyholms Theorie, Albrecht IV. habe sie Maximilian geschenkt, „denn ehe er Kaiser wurde (1493) waren er und Albrecht gute Freunde" Kurt Nyholm, „Die Gralepen...", S. LXXVII, Anm. 3. Zit. nach B. Bastert, 1993, S. 155. B. Bastert datiert den Abschluss des Abenteuerbuchs etwa in die Zeit 1491/95. B. Bastert, 1993, S. 295. Naheliegend wäre hier natürlich auch, dass Albrechts IV. Gemahlin Kunigunde ihrem Bruder Maximilian dieses Konstruktions-Geheimnis des *Abenteuerbuchs* zu gegebener Gelegenheit entdeckte und Maximilian es sich bis zu Beginn des 'Ausschreibens' 1504, zu eigen machte.

102 Johan Huizinga: „Herbst des Mittelalters, 1975 (1941)

103 Klaus Graf: „Ritterromantik?..", 1999, S. 3, regt an auf das fragwürdige Etikett „Ritterromantik" oder „Ritterrainessance" ganz zu verzichten.

104 „Was Maximilian und seine literarischen Gewährsmänner, darunter vor allem Paul von Lichtenstein, mit der Ambraser Sammlung offensichtlich schaffen wollten, war nichts Modernes oder allzu Gängiges,

Sammlung alter volkssprachlicher Texte" begreift, die Kaiser Maximilian habe zusammenstellen lassen, dann unterschätzt auch er den tatsächlich hochaktuellen und als Intervention gedachten funktionalen Charakter des *Heldenbuchs,* die Dimension der Inszenierung durch Maximilian und dessen 'literarische Beiräte'. Denn man muss auch im Falle des *Heldenbuchs* davon ausgehen, dass sich Maximilians auf Gesamteuropa zielende politische Interessen und Initiativen gar nicht von seinen medienpolitischen Unternehmungen trennen lassen. Das *Ambraser Heldenbuch* ist dann, so darf man vermuten, in den jeweiligen Phasen seiner Entstehung ebenso von aktuellen politischen Entwicklungen beeinflusst. Maximilians Selbstverständnis als Kaiser, Ritter und Vater, seine Selbststilisierungen und Selbstinszenierungen, seine Zukunftsentwürfe und -Hoffnungen, seine politischen Ambitionen auf europäischer Ebene, schlagen sich auch im *Ambraser Heldenbuch* nieder. Die hier vorgestellte Interpretation wird versuchen dieses Amalgam zu thematisieren.

Im Kontext des 'Ambraser Heldenbuchs' steht der Verdacht im Raum, dass bis heute die Lebendigkeit des Diskurses im Adel bis ins beginnende 16. Jahrhundert noch kaum zureichend verstanden wurde. Werden Texte jedoch im biederen Sinne als der Traditionssicherung und -Pflege dienende *alte maeren* aufgefasst, die dies ganz und gar nicht sind, so ist es nicht zu verwundern, wenn durch das Verkennen der Intensität und Dramatik des Diskurses im Adel ein Bild von adliger Öffentlichkeit entworfen wird, das unter adliger Öffentlichkeit weitgehend eine repräsentative Öffentlichkeit versteht.[105] Eine Öffentlichkeit, die sich an die Person geknüpft, an Festtagen, den „Hohen Zeiten" voll entfalte, deren besonderes Charakteristikum gegenüber der späteren bürgerlichen Öffentlichkeit es jedoch sei, keinen Diskurs zu führen. Gerade die nicht diskutierende und nicht räsonierende, sondern die repräsentative Rede sei der entscheidende Unterschied.[106] Zur repräsentativen Öffentlichkeit gehöre ebenso die rhetorische Formel, wie die Diskussion zur bürgerlichen. Dieses Bild von adliger Öffentlichkeit jedoch könnte trügen. Es wäre dann vermutlich der Affinität geschuldet, die noch den modernen Gelehrten mit der jeweils vorherigen Gelehrtengeneration verbindet und bis auf die frühen humanistisch gebildeten Gelehrten zurückreicht. Die Nichtwahrnehmung der diskursiven Qualität adliger Auseinandersetzungen im Bereich der deutscher Kultur des Mittelalters, wofür das *Ambraser Heldenbuch* dann als Exempel stehen könnte, legte dann Fehleinschätzungen der folgenden historischen Entwicklungen nahe. Das große gesellschaftliche Ansehen des Adels in Deutschland

---

sondern ein Buch mit *alten* Gedichten. Alle einigermaßen sicher datierbaren Gedichte seien vor 1300 enstanden, was wohl mehr als ein Zufall gewesen sei. Ingeborg Glier: „Artes amandi...", 1971, S. 391.
105„Die Entfaltung der repräsentativen Öffentlichkeit ist an Attribute der Person geknüpft: an Insignien (Abzeichen, Waffen), Habitus (Kleidung, Haartracht), Gestus (Grußform, Gebärde) und Rhetorik (Form der Anrede förmliche Rede überhaupt), mit einem Wort an einen strengen Kodex 'edlen' Verhaltens. Jürgen Habermas: „Strukturwandel....", 1975, S. 20.
106„Gerade die nicht diskutierende und nicht räsonierende, sondern die, wenn man so sagen darf, repräsentative Rede (ist) das Entscheidende...." Carl Schmitt: Römischer Katholizismus und politische Form, München 1925, S. 32 f., zitiert nach J. Habermas, „Strukturwandel....", 1975, S. 296..

bis hin zur Bismarck-Ära und die Tradition des Ausschlusses bürgerlicher Gelehrsamkeit[107] von politischen Machtpositionen wären schlüssiger zu erklären, würde die Qualität des adligen Diskurses, den dieser mittels fiktionaler Texte führt, zutreffender erkannt. Eine Verwechslung von Ursache und Wirkung liegt z.b. offenbar vor, wird die verspätete nationalstaatliche Entwicklung Deutschlands als Ursache dafür benannt, dass die romantische Bewegung in Deutschland von Volksgeist und altväterischem Erbe schwärmte und welsches Wesen und höfische Kultur ablehnte.[108] Tatsächlich findet sich jedoch die Ablehnung angeblicher welscher Vorbildlichkeit und die Orientierung an 'altväterischem Erbe' bereits in der volkssprachlichen Dichtung des Mittelalters, bis hin zum *Ambraser Heldenbuch*.

Kann man also nicht davon ausgehen, die verspätete nationalstaatliche Entwicklung Deutschlands sei für das Generieren von Argumentationsmustern wie Orientierung an 'altväterischem Erbe' und Ablehnung welschen Wesens verantwortlich, so macht jedoch die umgekehrte Überlegung Sinn. Das zähe Festhalten am Eigenen, an den überlieferten Sitten, Gebräuchen, Normen und Ablehnung welscher Vorbildlichkeit bereits zu Beginn der sich entwickelnden volkssprachlichen Dichtung, die gleichwohl von fremdsprachigen und geistlichen Vorbildern abhängig erscheint, ist Ursache für die Weichenstellung in Richtung verspäteter nationalstaatlicher Entwicklung der Deutschen und damit der Chancen, die eine pluralistische, nicht auf nationale Vereinheitlichung getrimmte Entwicklung bietet.[109]

Konnte bisher nur in etwa die Perspektive angedeutet werden, die eine produktive Aneignung des *Ambraser Heldenbuchs* im historischen Kontext ermöglichen würde, so soll durch die folgende Interpretation der ersten Dichtung im *AH*, dem *Frauenehre*-Fragment des Stricker, die Ausrichtung des *AH* auf Burgund von Anfang an erwiesen werden, seine Funktion eines 'Familienbuchs', das sich insbesondere auf Maximilians Sohn Philipp bezieht. Damit jedoch zwangsläufig ein kulturell geprägtes Verständnis von Minne und Ehe in Stellung bringt, das anscheinend im Kontext der

---

107 Im Italien des 16. Jhs. demonstriere Castigliones *Cortegiano* das Zusammengehen von gelehrtem Diskurs und höfischem Ambiente. Hier sei die Annäherung von Gelehrtenwelt und Hof tatsächlich vollzogen. Dies sei in Deutschland jedoch anders. Auch wenn es aus dem Blickwinkel deutscher Autoren des 17. Jhs. so scheine als ob es keinen Unterschied zwischen der Konversation am Hof und unter Gelehrten gebe, da das 'umständliche', fast institutionalisierte Wortgepränge ein gemeinsames Band bilde, so sei doch der „unleugbare Unterschied zwischen den Konversationen unter Gelehrten einerseits und den Unterhaltungen in den Salons andererseits" zu berücksichtigen, so Rüdiger Schnell: „Männer unter sich...", 2008, S.123. Eine Verschmelzung von chevalresker Tradition mit humanistischer Bildung, wie sie etwa gleichzeitig in Italien in Castigliones *Cortegiano* ihren Ausdruck gefunden habe, gelinge in Deutschland um 1500 schon deshalb nicht, weil ein Hof im Sinne eines lokalisierbaren Integrationszentrums fehle, so Jan-Dirk Müller: „Gedechtnus...",1982, S. 251.

108 „Als die zu spät gekommene, von vornherein auf den Gegensatz zu ihren Vorbildern verwiesene Nation distanziert sich das deutsche Volk von den (gleichwohl als maßgeblich empfundenen) Normen der Latinität und Urbanität, indem es seinem eigenen Elan im Vorrecht auf Ursprünglichkeit, Urtümlichkeit, damit aber auch auf Tiefe einräumt," H. Plessner: 1974, S. 24.

109 So Prof. Georg Schmidt (Jena): komplementärer Reichs-Staat, föderative Nation und Weltbürgertum – eine integrative Spurensuche. Vorlesung am 21. Mai 2010 am Historischen Seminar, Goethe-Universität Frankfurt, der die pluralistische nicht auf nationale Vereinheitlichung getrimmte Entwicklung Deutschlands nicht unter dem Gesichtspunkt des Defizitären begreift, sondern als Chance, deren positive Aspekte gerade im Hinblick auf ein pluralistisches europäisches Staatengebilde, das die Nationalstaatlichkeit überwinden will, aktuell von neuem Interesse sein könnten.

Vorstellungen des Adels am Hof Maximilians zu sehen ist und das sich offenbar von den dominierenden burgundisch-französischen Vorstellungen am Hof Philipps unterscheidet. Die Thematisierung des richtigen Verhältnisses zu den Frauen, das Anliegen die Ehre der Frauen zu verteidigen, bleibt jedoch auch im Fortgang der Arbeiten am *AH* offensichtlich von primärem Interesse für Maximilian und seine 'Beiräte'.

IV Die Mehrverse des 'Frauenehre'-Fragments

Das Fragment der 'Frauenehre', welches im 'Ambraser Heldenbuch' Aufnahme fand, beginnt erst mit Vers 1321 und endet mit Vers 1890, repräsentiert also etwa nur das letzte Drittel der 'Frauenehre', wie in der Heidelberger Handschrift Cpg. 341 (1320/1330) überliefert.[110] Zudem fehlen hier die letzten 12 Verse der insgesamt 1902 in der Heidelberger Handschrift überlieferten Verse. Jedoch sind im 'Ambraser Heldenbuch' der 'Frauenehre' wiederum an einigen Stellen ergänzende Verse, Mehrverse, angefügt:

IV.1 Mahnrede Maximilians an seinen Sohn mit literarischen Mitteln

Nach V. 1410 sechs Mehrverse

Die Verse wiederholen den Gedanken des Stricker von V. 1395 bis V. 1409, dass Zucht, Scham und Treue eines *gut wip* dem Mann Festigkeit verleihen, gegen die Zweifel des Herzens und der Gedanken.

Nach V. 1446 zwei Mehrverse

> a) Die vergiltet die Schulde
>
> b) Behaltet Er jr hulde

schließen sich an die Forderung des Stricker an, der Ritter solle und müsse versuchen sich die *hulde* der *vrowen* zu erhalten, wolle er sich ihre Liebe und Zuneigung bewahren. Dann würde sie ihm auch vergelten, was sie ihm schuldig sei.

110Alle Zitate der 'Frauenehre', bis auf besonders gekennzeichnete, nach Cpg 341 in: Die Kleindichtung des Strickers, hg. v. Wolfgang Wilfried Moelleken, Göppingen 1973, Bd. I, S. 15-91.

Nach V. 1458 zwei Mehrverse

Die Verse nehmen den Gedanken des Stricker auf, der *vrowen hulde,* die Liebe und Zuneigung der Frauen, ihre Sorge um den Mann sei so groß, dass ein Mann nie zurückgeben könne was er von ihr erhalte. Denn das Wollen und das Gemüt einer Frau seien vollkommen auf den Mann eingestellt, was entbehre sie nicht alles ihm zuliebe, so der Mann dies ebenfalls durch eine Haltung der Treue bewirke:

a) *Was Sy guotes verchuor*

b) *Er Sy jr freaude an jm verluar*

denn was sei sie nicht bereit alles an Gütern aufzugeben, bevor ihre Zuneigung/Liebe zu ihm verloren gehe.

Nach V. 1478 zwanzig Mehrverse

Die Verse greifen den vom Stricker bereits entwickelten Gedanken auf, dass man die feindlichen Widersacher daran erkenne, dass sie das Loben der Frauen nicht verkraften, es nicht akzeptieren und stehen lassen können, sondern diejenigen anfeinden, die lobend von Frauen sprechen.

Die Frauenfeinde, so ergänzen die Mehrverse, liegen ständig auf der Lauer. Selbst beim Sitzen, Ruhen und Schlafen achten sie darauf ein unbedachtes Wort über die Frauen aufzuschnappen, um es im negativen Sinne als Äußerung gegen die Frauen zu verwenden.

Nach V. 1564 vier Mehrverse

a) *Daz Sy maniger ritter schuihet*

b) *Und durch nicht annders fluihet*

c) *Wann daz Sy jn dunckt ze guot*

d) *Und ze hohe uober seinen muot*

Die Mehrverse wiederholen den Gedanken des Stricker, in jüngster Zeit scheue und fliehe mancher Ritter die Frauen, weil diese ihm zu gut und über ihn erhaben erscheinen, zu hoch über seiner gewöhnlichen Gesinnung thronten. Sie glaubten durch ihre Bemühungen um hochgestellte Damen (*vrowen*) ihre Unabhängigkeit zu verlieren und andernorts mit ihren Bemühungen keine Beachtung mehr zu finden. Deshalb unterließen sie ihr Bemühen um die *minne* von *vrowen*. Mit diesem Verhalten demonstriere (*bekennet*) ein Ritter seinen Wankelmut und seine Unbeständigkeit, der ganz im Gegensatz zu Treue und Beständigkeit der *vrowen* stehe.

Nach V. 1614 insgesamt 32 Mehrverse zum Ackermann

Die Mehrverse, die sich auf das Beispiel vom Ackermann beziehen (neben der abgesetzten Überschrift zum Ackermann), unterstreichen zum einen zur Hälfte die Kritik an den *landleuten*, die alle danach strebten bevorzugt behandelt und hervorgehoben zu werden. Zum anderen mahnen sie die hohe Minne und den guten Willen *(guote wille)* dazu an, der die Werke begleiten muss. Wer hingegen die *hohe mynne* lasse, dem geschehe es recht, wenn er ohne Freude leben müsse.

Nach V. 1798 vier Mehrverse

Die Verse nehmen die Zeitkritik des Stricker auf. Man spotte und schimpfe nun hässlich und unangemessen über die Frauen, statt sie zu beschützen und ergänzt diese Kritik des Beschimpfens der Frauen durch die Kritik des Schlagens, dem die Frauen neben dem Schelten ausgesetzt seien.

   a) *Man slecht Sy und schiltet*

   b) *Das richtet noch giltet*

   c) *Nyeman nach Ir hulden*

   d) *Vnd nach der rechten schulden*

Nach V. 1808 zwei Mehrverse

Richtig verstanden seien Welt und Freude ein Ding. Ein reiches und hochgestimmtes Leben sei möglich.

Die Mehrverse scheinen sich der Situation eines Lesers zu verdanken, der in der Dichtung besonders treffend formulierten Gedanken begegnet, die er als gelungene Kommentare für eine ihn persönlich stark bewegende Problematik auffasst und deshalb nicht umhin kann, diese bestätigend und verstärkend niederschreibend mit eigenen Worten zu wiederholen und die bereits vorgefundenen so zu ergänzen, um sie sozusagen mit magischer Kraft und Wirksamkeit für die Welt auszustatten, also eine gewünschte Wirklichkeit zu befördern.

Überprüft man die Hypothese, Maximilian I., der Auftraggeber selbst habe hier eventuell als Kommentator fungiert und der starke Eindruck, den die 'Frauenehre' auf ihn hatte, habe eventuell zu Beginn seines Entschlusses der Realisierung des Projektes 'Heldenbuch' gestanden, so kommt dieser These, durchaus einige Wahrscheinlichkeit zu.

Denn die persönlich-familiären als auch machtpolitischen Umstände, mit denen sich Maximilian im fraglichen Zeitraum 1502/1505 konfrontiert sieht, legen diese Deutung nahe.

IV.2 Machtpolitik und Beziehungsprobleme

Die Verse, die Maximilians gesteigertes Interesse finden, lassen sich als eindringliches Anraten für einen aktuellen Beziehungskonflikt in seiner Familie lesen, der auch gravierende Auswirkungen auf das europäische Machtgefüge haben kann, mit dem sich Maximilian also schon aus diesem Grund zwangsläufig auseinandersetzen muss.

Seit 1502/1503 kommt es in der Beziehung seines Sohnes Philipp des Schönen mit Juana, der Tochter König Ferdinands von Aragon und Königin Isabellas von Kastilien, immer wieder zu spektakulären Wutanfällen und Eifersuchtsszenen Juanas, die am Hof nicht verborgen bleiben.[111]

(Die 20 Mehrverse nach V. 1478 sollen Philipp wohl eindringlich vor den Konsequenzen warnen, die lautstarke Auseinandersetzungen mit seiner Ehefrau haben. Dem Palast bleibe nichts verborgen, überall liegen Informanten und Zuträger auf der Lauer, die dafür sorgten, dass die Kunde vom Dissenz des Herrscherpaares an die Höfe Europas gelange, die an dieser Tatsache schon aus machtpolitischem Interesse höchst interessiert seien. Philipp schwäche so seine eigene Position und die der Habsburger insgesamt.)

So lässt Philipp Juana hin und wieder einsperren, wenn diese wie eine Besessene tobte und handgreiflich wurde.[112]

---

111 Ungünstige Berichte über die Beziehung von Philipp und Juana hatten Ferdinand und Isabella bereits im Sommer 1498 veranlasst den Sonderbeauftragten Prior Thomas von Matienzonach nach Brüssel zu entsenden, um Näheres in Erfahrunge zu bringen. Johan Brouwer, „Johanna die Wahnsinnige...",2004, S. 20.

112 J. Brouwer, 2004, S. 40.

(Die vier Mehrverse nach V. 1798 wären geeignet das unangemessene Betragen gegen Juana zu kritisieren. Statt sie zu beschützen und liebevoll zu behandeln, wende man Gewalt gegen sie an, *Man slecht Sy* und sage ihr Grobheiten *und schiltet.*)

Juanas 'sonderbares' Verhalten[113] veranlasst im Sommer 1503 die Cortes von Kastilien eine besondere Verfügung betreffend die Nachfolge Isabellas zu erwägen, so solle „im Falle von Geistesabwesenheit oder Unfähigkeit" jemand anderem an ihrer Stelle das Regierungshandeln übertragen werden.[114] Nach dem Tod Königin Isabellas Ende November 1504 benutzt Ferdinand von Aragon einen Bericht Philipps über das gestörte Verhalten seiner Frau, sowie die Bestimmung im Testament der verstorbenen Isabella, im Falle geistiger Umnachtung ihrer Tochter oder deren Unwillens solle der Vater Ferdinand zum stellvertretenden Herrscher Kastiliens ernannt werden[115], dazu, seinen Anspruch auf die Regentschaft von Kastilien zu behaupten. Im Januar 1505 nehmen deshalb die Cortes von Kastilien und Leon Ferdinand von Aragon als *gobernador y administrador* an.[116]

(Die zwei Mehrverse nach V. 1458 weisen offenbar eindringlich und beschwörend Philipp auf den Zusammenhang vom Verlust der Zuneigung seiner Ehefrau und dem Verlust eines Königreiches hin, den Philipp mit seinem Verhalten riskiere. Wieviele Güter Juana bereit sei aufzugeben, bevor sie ihr Interesse vollständig an ihm verliere. Sie nehmen den Gedanken des Stricker auf *wes si durch in enbere* V. 1459, der die Entbehrungen und Belastungen, die eine liebende Frau ihrem Manne zu Liebe auf sich nimmt, hervorhebt).

Am 3. Mai 1505 lässt Philipp deshalb einen von Juana eigenhändig unterzeichneten Brief schreiben, in dem sie erklärt, dass die Gerüchte über ihre Geisteskrankheit nicht zutreffen und sie nicht wünschte, dass ihrem Mann Philipp die Herrschaft über die ihr zustehenden Gebiete aberkannt würden.[117]

Maximilian I. wendet sich im Zusammenhang dieses Konflikts um die Herrschaft in Kastilien zwischen Ferdinand und Philipp selbst mit einer nachdrücklichen Bitte an Juana, Philipp doch in seinen Bemühungen um die Herrschaft in Kastilien umfassend zu unterstützen, ohne jedoch damit Erfolg zu haben.[118]

Denn Juana steht den Staatsgeschäften bereits wieder gleichgültig gegenüber. Alles was sich außerhalb ihres eigenen Liebesglücks zuträgt interessiert sie nicht. Juana liebt Philipp leidenschaftlich und wenn dieser sich ihr mit liebevoller Gebärde zuwendet kann Juana sanftmütig und fügsam sein. Jedoch ist Juana zumeist verzweifelt über das leichtherzige Betragen ihres

---

113Juana lässt z.B. aus Eifersucht alle jungen Frauen aus ihrer Umgebung entfernen. J. Brouwer, 2004, S. 41.
114J. Brouwer, 2004, S. 38.
115„no quiera o no pueda entender en la gobernación", J. Brouwer, 2004, S.40.
116M. Hollegger, 2005, S. 166.
117J. Brouwer, 2004, S. 44.
118J. Brouwer, 2004, S. 50.

frivolen hübschen Mannes, des Lieblings der Frauen, der sich offenbar sinnlicher Ausschweifungen mit schönen Mädchen nicht enthalten kann.[119]

(Die sechs Mehrverse nach V. 1410 thematisieren, wie auch der Stricker, den Wankelmut. Die Gedanken solle er fliehen, so der Stricker, die *von aller hande swacheit, V. 1415.* zeugten. Die Mehrverse sprechen ebenso von den *gedancken,* die eine Ursache für das *wancken* sein könnten.

Stricker und Mehrverse empfehlen, sich die große Treue der Frauen zu vergegenwärtigen, die eine Sicherheit gegen Zweifel und Schmerzen des Herzens sein könne. Ein Appell also an Philipp sich auf seine Frau zu konzentrieren und seine Gedanken nicht auf andere Mitglieder des schönen Geschlechtes zu richten, nicht die *erelosen minne* (V. 1585) zu pflegen[120], die den *hohen mut* zum Verschwinden bringt und vor der der Stricker warnt.

Die zwei Mehrverse nach V. 1446

  a) Die vergiltet die Schulde, b) Behaltet Er jr hulde,

schließen sich an die Forderung des Stricker an, der Ritter solle und müsse versuchen sich die *hulde* der *vrowen* zu erhalten, wolle er sich ihre Liebe und Zuneigung bewahren. Zuvor hatte der Stricker von dem Phänomen weiblicher Intuition gesprochen, das manchem Ritter als Gewissheit vor Augen stehe:

So weit er sich auch von seiner Frau entferne, *swie verre er von ir chomen chan* (V. 1438) und obwohl da auch niemand wäre als er, würde er sich dort in der Ferne daneben benehmen, seine Frau wüsste davon und würde ihm ihre Huld entziehen,

wider sagte im ir grûz. (V. 1443). Maximilian sieht hier wohl die besondere Sensibilität Juanas treffend charakterisiert und mahnt Philipp, nicht darauf zu bauen es durch räumliche Distanz und Geheimhaltung verhindern zu können, dass Juana um seine Seitensprünge wisse und ihm deshalb ihre Huld entziehe.

Ebenso lassen sich die 4 Mehrverse nach V. 1564 als Kritik an Unbeständigkeit, Wankelmut und übersteigertem Unabhängigkeitsstreben Philipps verstehen. Statt sich an der Treue und hohen Gesinnung Juanas zu erfreuen und zu orientieren, scheue Philipp den Kontakt zu ihr und er vernachlässige sie, da er glaube ansonsten im Leben etwas zu verpassen.

119So z.B. der Bericht eines anonymen Autors, der Juana und Philipp näher kannte und sie auf ihrer zweiten Reise nach Spanien begleitete. J. Brouwer, 2004, S. 41.
120„Der ganze Schlußteil bewegt sich in der realen Welt, so darf uns nicht verwundern, daß selbst die *êrelose* (d.h. natürlich die käufliche, vgl. in den bispel) Minne erwähnt wird. Hanns Fischer sieht im Schlussteil der 'Frauenehre' einen Bruch zu den vorausgegangenen Teilen. In die Welt höfischer Idealität wirke plötzlich die Realität hinein, so dass plötzlich auch von der *erelosen minne* die Rede sein könne. Hanns Fischer: „Strickerstudien...", 1953. S. 58.

Juana reagiert darauf durch Rückzug in die Einsamkeit, in der sie düster, unwirsch, einsilbig, apathisch und verzweifelt verharrt und in der sie für politische Probleme nicht ansprechbar ist. In ihrer Enttäuschung über ihren Mann ist sie dann auch nicht dazu zu bewegen, neben dem Schreiben vom 3. Mai 1505 weitere Schriftstücke zu unterzeichnen, die Philipp im Konflikt mit Ferdinand um die Macht in Kastilien unterstützen würden.

Deshalb versendet Philipp im September 1505 ein eigenes Rundschreiben an die Edelleute und Gemeindeverwaltungen Kastiliens, in dem er davon spricht, dass König Ferdinand ihn habe bewegen wollen auf seine Rechte und den kastilischen Thron zu verzichten. Nachdem ihm dies jedoch nicht geglückt sei, habe dieser das Gerücht von Juanas Geisteskrankheit in Umlauf gesetzt, um auf diese Weise seine Machtposition als Regent in Kastilien zu verstärken. Er wolle jedoch alsbald mit Juana nach Spanien reisen, um die Regierungsangelegenheiten in die Hand zu nehmen. Nach gegenseitiger Androhung von Gewalt (Ausrüstung von Flotten) wird daraufhin im November 1505 eine vorläufige Übereinkunft geschlossen, zu dritt, Ferdinand, Philipp und Juana, die Herrschaft über Kastilien, Léon und Granada ausüben zu wollen. Ende Mai 1506 reisen Philipp und Juana unter militärischer Begleitung durch Spanien, am 27. Juni 1506 wird ein neues Abkommen zwischen Philipp und Ferdinand unterzeichnet, das die beiderseitigen Interessen friedlich regelte.

Am 25. September 1506 stirbt jedoch der erst 28-jährige Philipp in Burgos. Der Tod seines Sohnes trifft Maximilian hart, da sich beide nach Jahren der Entfremdung auf eine gemeinsame Politik geeinigt hatten. Erst am 23. Oktober wird Maximilian die Todesnachricht überbracht, nachdem man sie ihm zehn Tage lang verheimlicht hatte. Maximilian bricht in Tränen aus und zieht sich nach Totenmesse und Totenmahl drei Tage lang völlig zurück und will niemanden sehen. [121]

Werden die Motive für Maximilian I. eine Prunk-Handschrift herstellen zu lassen, mit dem Scheitern des Heiratsprojektes Enkel Karl/Claudia August 1505 – Mai 1506 und dem Tode des Sohnes Philipp September/Oktober 1506, hinfällig, so hat der Schreiber Hans Ried jedoch bereits einige Texte zu Pergament gebracht[122] und eine Weiterführung des Projektes, wenn auch modifiziert, schon aus ökonomischen Gründen, liegt daher nahe. Eile ist jetzt allerdings nicht mehr angebracht und so macht auch das Ergebnis M. Wierschins' Sinn: „1506 muß die Arbeit am *Heldenbuch* geruht haben"[123] „Auch bis zum Jahresende 1507 fehlen uns urkundliche Belege. Offenbar fand

---

121 Manfred Hollegger: „Maximilian I....", 2005, S. 167.
122 M. Wierschin geht davon aus, Hans Ried habe in den Sommerquartalen 1504 und 1505 die Texte eins bis sieben abgeschrieben. M. Wierschin, 2005, S. 134.
123 W. Wierschin, 2005, S. 128.

Maximilian noch immer nicht die Zeit, sich mit dem *Heldenbuch* zu befassen. Belegbar ist jedoch, daß Ried das Jahr über seinen Zolldienst versah und nicht an dem Manuskript arbeitete." Erst am 16.12.1507 habe sich der König wieder an seinen Amtmann Abenstorffer gewandt und den Zöllner beurlaubt., „diesmal auf unbestimmte Zeit: *biß uns bemelter Ried unnser puech geschriben und gefertigt hat."*[124]

Hier scheint also ein neuer Abschnitt bei der Herstellung des 'Heldenbuches' zu beginnen. Man darf sicherlich davon ausgehen, dass der nun folgende Abschnitt der Herstellung, ebenso, wie der hier behandelte, weniger die bibliophilen Neigungen Maximilians I. befriedigen sollte, sondern sich wiederum politisch-pragmatische an den historischen Gegebenheiten der Zeit ausrichtete. Der Eindruck drängt sich auf, dass das Projekt 'Heldenbuch' immer dann einen Schub erhält, wenn die direkte militärische Konfrontation mit dem französischen König von einer Phase der politischen Kooperation abgelöst wird und somit die ideologisch-kulturelle Komponente in der Rivalität der beiden zentralen europäischen Mächte an Bedeutung gewinnt. Die programmatische Zielrichtung des Anfangs, mit dem 'Heldenbuch' auf den burgundischen Teil der Familie Einfluss nehmen zu wollen, einer möglichen Entfremdung durch Neutralisierung französischen Einflusses vorzubeugen, bleibt für Maximilian I. wohl erhalten. Jetzt jedoch bezogen auf die als Statthalterin Burgunds eingesetzte Tochter Maximilans I., Margarete, ihren Hof und die Enkel.

V Das 'Frauenehre'-Fragment weiterhin auf Platz 1 im *Heldenbuch*

Wurde für die Auswahl des 'Frauenehre'-Fragments am Anfang des 'Heldenbuchs' ein akutes Eheproblem mit möglicherweise fatalen machtpolitischen Folgen für die Habsburger-Dynastie verantwortlich gemacht, soll hier noch auf einen Aspekt der Tatsache eingegangen werden, weshalb das Fragment sich auch in der Folgezeit einer solchen Wertschätzung erfreute, dass seine Bestimmung repräsentatives „Incipit"[125] des 'Heldenbuchs' zu sein nicht in Frage gestellt wurde. Waren für Maximilian I. anfangs, wie gezeigt, wohl die Verse ausschlaggebend, die sich auf den Beziehungskonflikt zwischen Juana und Philipp beziehen lassen, so rückt durch das Scheitern des Heiratsprojektes Karl/Claudia ein anderer wichtiger Inhalt des 'Frauenehre'-Fragments in den Vordergrund, der bereits bei der Auswahl anfangs ebenso eine Rolle gespielt haben dürfte.

124W. Wierschin, 2005, S. 129.
125Hans Herbert Räkel: „Die Frauenehre...", 1976, S. 163.

V.1 Zur Aussage des 'Frauenehre'-Fragments

Das Fragment beginnt mit der Erkenntnis, ein Mann der eine Frau begehrt, könne diese nicht durch den Einsatz von Gewalt gewinnen. Selbst durch eine Bedrohung mit dem Tod lasse sich eine Frau nicht dazu zwingen, einem Mann ihre Zuneigung zu schenken. Zuneigung/Liebe (*daz obz*) müssen freiwillig von ihr geschenkt werden.

> *Het er allez ertriche,*
>
> ern mag gewalticliche
>
> *daz obz mimmer beiagen.*			(V. 1369-1371, Cpg. 341)

Es gebe zwar Männer die eine Frau besitzen, jedoch ohne deren Liebe/Zuneigung erlangt zu haben, ebenso wie solche Männer, die zwar Liebe und Zuneigung einer Frau erlangt hätten, ohne sie jedoch besitzen zu können. Nur derjenige, dem das Leben beides gewährt habe, könne als wahrhaft glücklich bezeichnet werden.

> *er hat den boum wol allen,*
>
> *der doch des obzes enbirt.*
>
> *ein ander, dem daz obz wirt,*
>
> *der enhat des boumes lichte niht.*
>
> *Swen man so seligen sicht,*
>
> *daz er den boum hat eine*
>
> *und daz obz alle gemeine;*
>
> *hat er werltlichen mut,*
>
> *dar zu lip und gut;*
>
> *den hat sin selde gewert*
>
> *allez, des die werlde gert.*			(V. 1382-1392)

Die Frauen sind das Beste in der Welt und ihre Tugenden so groß, dass mancher Ritter sich nicht mehr getraut unter ihre Augen zu treten und nach ihnen zu streben, *daz vil manick Ritter iezu dar*

nimmer gedencken getar,

daz man die vrowen sehen sol.   (V. 1553-1555)

damit aber legt er ein Bekenntnis seiner eigenen Untugend ab. Mancher Ritter scheut die Mühe ehrbaren Minnedienstes.

da bekennet er ir stete wol

und sin selbes unstete,   (V. 1556-1557)

Aber die häufig von den Leuten vorgebrachte Übertreibung, alle Ritter wären von diesem schuldigen Schlage, trifft nicht zu. Der Stricker bekennt ausdrücklich, er habe von vielen Rittern Kenntnis, für die das Streben nach der *vrowen* Minne das oberste Ziel darstellt.

ich han ouch der ein teil gesehen,

die ich sach vor allen dingen

nach vorwen minne ringen.   (V. 1600-1602)

Neben den ehr- und freudlosen Rittern (*ungefuogen*) gebe es also durchaus noch jene Hochgestimmten, die über einen Ehrbegriff verfügten (*gefugen*) und nicht nur wie die anderen, ihr adliges Geblüt, ihr Leben und ihren Besitz vergeudeten.

wirt die vreude verlorn,

die sie haben solten und geben,

was sol danne ir baider leben?

man solt an in zwein schowen

der vreuden bildere,

wan ez vil billich were,

daz sie die lere vor treugen.

Daz tunt ouch die gefugen;

den ist noch ere und vreude bî.

swie vil der ungefugen si,

die doch habent Ritter namen,

die mochten sich des immer schamen,

daz si an hohen mut,

geburt, tage und gut

un lobelich ver zerent   (V. 1738-1756)

Denjenigen aber, die durch ihre eigene *bosheit* (V. 1687) freudlos leben, soll man keine Unterstützung gewähren, denn es sei nur gerecht, wenn diese freudlos lebten.

der sol zu recht erwerben,

daz er ane vreude lebe

und man im lihe noch und gebe

der vreuden deheine,

weder groz noch cleine,   (V.1720-1724)

Swelch Ritter hat lip und gut

und sine freude also vertut,

der sol ouch immer freude enpern

und sol ouch niemen sin er wern;   (V. 1757-1760)

Diesen üblen Typ Ritter kann man nur durch große Belohnung/Bestechung erfreuen und wenn er seine Überheblichkeit ausleben kann.

dem muz man hohe miete geben

oder er let die vreude sin;   (V. 1776-1777)

daz man niht tut, swez er gert,

daz machet im hohe varn soure.   (V.1770-1771)

Der Stricker propagiert hier offensichtlich ein Programm, welches dazu auffordert, diejenigen auszugrenzen, die sich nicht mehr den höfischen Werten entsprechend sozial verhalten, sondern sich egozentrisch nur mehr am Eigennutz orientieren. Diesem Typus des Adels gegenüber, sei ein Verhalten gesellschaftlicher Isolierung angemessen. Wesentliches Kriterium dafür sei dann eben das Verhältnis zu den Frauen. Zu erkennen sei dieser üble Typ Ritter daran, dass er über die Frauen mit feindseligem Schimpf und Spott herziehe. Der Stricker bezeichnet dieses Verhalten als Raub und Mord, den man den Frauen antue.

man tut in rouplichen schaden.   (V. 1790)

ob man den mort verbere   (V. 1804)

man spotte(t) ir und schimphet

hazlich und ungefu(e)ge.

des lachen nu genu(e)ge,

die sie beschermen solten,   (V.1794-1798)

Freude und Hochgestimmtsein in der Welt seien nur zu haben, indem man den Wert der Frauen erkenne und bekenne, die vielen süßen Wunder,

die manigen su(e)zzen wunder,   (V. 1812)

deren Ursache sie seien.

Lob und Ehre der Frauen sei so gewaltig, dass es eigentlich unsagbar sei. Wer dies nicht erkenne und die Frauen verschmähe, dessen Leben werde immer leidvoll sein.

V.2 Gebrochene Heiratsversprechen und 'Brautraub'

V.2.1 Historischer Kontext

Das 'Frauenehre'-Fragment lässt sich wiederum wie ein resümierender Kommentar zu den Erfahrungen lesen, die Maximilian I. bei seinen Heiratsprojekten mit dem französischen Königshaus gemacht hat:

Nach dem Tod der Gemahlin Maximilians I., Maria von Burgund, am 27. März 1482, wird, auf Druck der Generalstaaten der Niederlande, die weiteren Kriegen Maximilians I. gegen Frankreich einen Riegel vorschieben wollen und Druck seitens König Ludwigs XI. von Frankreich, ein Heiratsprojekt zwischen (der 2-jährigen) Margarethe, Maximilians Tochter und dem späteren französischen Thronfolger Karl auf den Weg gebracht. Am 23. Dezember 1482 wird der Vertrag von Arras zwischen den Generalstaaten und Frankreich geschlossen. Margarethe soll als Mitgift die Freigrafschaft Burgund, sowie acht Grafschaften und Herrschaften des ehemaligen Hochburgund in die Ehe mitbringen und zwecks Absicherung des Verlöbnisses sofort zur Erziehung an den französischen Hof gebracht werden.[126] Die Kinder Maximilians befinden sich zu dieser Zeit in der „Obhut" der flandrischen Hauptstadt Gent und sind so faktisch der Vormundschaft Maximilians I. entzogen. Maximilian kann die Auslieferung Margaretes an Frankreich nicht verhindern.

Jedoch kommt es nicht zur Heirat von Margarete und Karl VIII. (seit 1483 französischer König). Denn Karl VIII. lässt am 27. Februar 1492 Anna von Bretagne zu seiner königlichen Gemahlin krönen. Wegen der Verstoßung seiner Tochter Margarete will Maximilian I. den französischen König zum Zweikampf fordern, bei den Reichsständen führt er lebhaft Klage, außer Jesus Christus habe niemand soviel Schmach erlitten, wie er von den Franzosen.

Die von Maximilian erlittene Schmach bezieht sich nicht nur auf die gescheiterte Ehe seiner Tochter mit Karl VIII., sondern auf sein damit auch gescheitertes Heiratsprojekt mit eben jener Anna von Bretagne, die ihm Karl VIII. weggeschnappt hat.[127] Nach dem Tod des Herzogs Franz von Bretagne 1488, mit dem Maximilian bereits verbündet war, hatte Maximilian Heiratsverhandlungen mit Anna von Bretagne aufgenommen. 1490 wurden die Heiratsverträge zwischen ihm und Anna von Bretagne unterzeichnet und die Ehe am 19 Dezember in der Kathedrale von Rennes durch Wolfgang Pohlheim als Stellvertreter Maximilians I. per procuram geschlossen. Pohlheim hatte auch symbolisch die Ehe in Vertretung vollzogen, indem er vor dem versammelten Hofstaat in voller Rüstung das Hochzeitsbett bestieg und mit seinem entblößten Knie Anna berührte.

126Manfred Hollegger, 2005, S. 48 ff.:
127Manfred Hollegger, 2005, S. 75 ff.

Da Karl VIII. jedoch die Bretagne als Kronlehen für den französichen Staat beanspruchte, hatte er zwischenzeitlich die Bretagne fast vollständig besetzt, am 27. Oktober 1491 musste auch die Haptstadt Rennes kapitulieren. Zwar plante Maximilian mit einem Reichsheer Anna zu Hilfe zu kommen, dies scheiterte jedoch. Anna ließ Maximilian I. ausrichten, ihre Räte, Hauptleute und Landstände glaubten nicht mehr an die Hilfe Maximilians, sie habe sich mit dem König von Frankreich ausgleichen müssen, worüber er nicht unwillig sein möge. Karl VIII. bot Anna freies Geleit zu ihrem Gemahl und eine hohe Abfindung für das Herzogtum Bretagne an, woran diese jedoch nicht interessiert war. Sie entschloss sich schließlich zu besagter Heirat, mit Karl VIII., 1492. Maximilian betrachtete diesen Vorgang als Brautraub und wurde in seiner Entrüstung über die Schmach publizistisch hauptsächlich von Jakob Wimpheling und Sebastian Brant unterstützt.[128]

V.2.2 Das 'Frauenehre'-Fragment als Kommentar zu Frankreichs Königen

Die Verse des Stricker ab V. 1369 stellen fest, dass Liebe und Zuneigung einer Frau nicht durch den Einsatz von Gewalt erreicht werden können. (Besetzung der Bretagne durch Karl VIII), Gebe es einerseits Ritter, die zwar die Liebe einer Frau erreicht hätten, ohne jedoch in ihren Besitz gelangt zu sein (Maximilian I.), gebe es andererseits Ritter, die sich zwar in den Besitz (Karl VIII.) einer Frau (Anna von Bretagne) gebracht hätten, ohne jedoch ihre Liebe und Zuneigung errungen zu haben. Gebe es einerseits Ritter, die sich den Mühen ehrbaren Minnedienstes entzögen, da ihnen die Mühe zu groß sei, *sie douchte der arbeit ze vil* (V. 1544) und die Gesinnung der Frauen, *die ere und der hohe mût* (V. 1540) für sie zu hoch stehe, (Margarete z.B., deren hohe Gesinnung eigentlich für Karl VIII. gar nicht erreichbar sei), so gebe es andererseits auch einen Teil der Ritter, die weiterhin die Mühen des Minnedienstes auf sich nehmen.

> *ich han ouch der ein teil gesehen,*
>
> *die ich sach vor allen dingen*
>
> *nach vrowen minne ringen.*   (V. 1600-1602)

Maximilian I. kann den Stricker, der in diesem Teil der 'Frauenehre' zwei unterschiedliche Typen des Verhaltens und des ritterlichen Ethos definiert, so verstehen, als gebe er eine zutreffend Beschreibung des frevelhaften Verhaltens und Minnebegriffs der französischen Könige. Diese halten sich nicht an Eheabsprachen, so Karl VIII., der Margarete, die Tochter Maximilians heiraten sollte und Ludwig XII., der den Vorschlag einer Heirat von Karl (Enkel Maximilians) mit seiner

---

128M. Hollegger, 2005, S. 77.

Tochter Claudia machte und bringen sich unter Anwendung von Gewalt in den Besitz der Braut eines anderen. Die vom Stricker geforderte Ab- und Ausgrenzung dieses Typs Ritter ist nach seinen bis 1505/06 gemachten Erfahrungen sicherlich ganz in Maximilians I. Sinne. Sein Zorn über die gescheiterte Heiratsabsprache ist so groß, dass er noch auf dem Konstanzer Reichstag von 1507 ein „propagandistisches Machwerk ganz besonderer Art" in Umlauf bringt, das Frankreich als den „Hort aller Falschheit und Wiege des Antichrist" verunglimpfte.[129] Das 'Frauenehre'-Fragment bleibt für Maximilian also auch nachdem seine Funktion der Mahnrede an Sohn Philipp entfallen ist, aktuell. Er kann sich sicher sein, dass das Gemeinte der Inhalte des Fragments am burgundischen Hof seiner Tochter Margarete, die nach Philipps Tod als Statthalterin der Niederlande fungiert, ebenso wie am eigenen Hof verstanden wird.

In ersten Entwürfen zum 'Theuerdank' wird der französische König Ludwig XI. als Gegner bei der Brautwerbung noch als „Wunderer".[130] bezeichnet und ist in der Erzählhandlung vorgesehen. Die Erzählung vom König Wunderer ist im Dresdner Heldenbuch von 1472 enthalten und bezeichnet im Kontext der Dietricherzählungen einen Frauenjäger, Motiv des verschmähten Liebhabers, der eine ihm versprochene Frau gewaltsam in seinen Besitz bringen will. Die Frau, die an den Hof des vorbildlichen Königs Etzel flüchtet und um Hilfe bittet, wird einzig von dem Helden Dietrich verteidigt und so vor dem, „wilden Wunderer" gerettet.[131] Das ursprünglich für den 'Theuerdank' vorgesehene Zitat vom König Wunderer wird später getilgt.[132] Anfangs sollte der 'Weißkunig' auch der Rahmen für den 'Theuerdank' sein. Darin sollte die *comedi vom Theuerdangk und tragedi vom fursten Wundrer* vorkommen.[133] Der 'Theuerdank' wird ständig umorganisiert. Es werden Stücke aufgenommen und verschwinden wieder.[134] Scheint die Beschimpfung des französischen Königs als 'Wunderer' also aufgrund eines veränderten politischen Umfeldes (neue Bündniskonstellationen ab 1508), im Rahmen einer offiziellen Publikation Maximilians I. nicht mehr opportun, so bleibt offenbar die gleiche, aber besser getarnte Kritik des 'Frauenehre'-Fragments jedoch erhalten.

Die Tatsache, dass sich nur etwa ein Drittel der 'Frauenehre'-Dichtung des Stricker am Anfang des 'Ambraser Heldenbuchs' findet und nicht der gesamte Text der 'Frauenehre', dürfte dem gleichen Motiv zuzuschreiben sein, dem sich auch die Mehrverse im 'Heldenbuch' verdanken. Die Botschaften, die für Maximilian von zentraler Bedeutung waren, sollten den Adressaten möglichst sofort ins Auge springen und die gewünschte Wirkung zeigen, ohne Gefahr zu laufen durch die Fülle an Text möglicherweise überlesen zu werden.

---

129 M. Hollegger, 2005, S. 170.
130 J. D. Müller, 1982, S. 114. M. Wierschin, 2005, S. 139.
131 Joachim Heinzle: Dietrichepik,1999, S. 188 ff.
132 J. D. Müller, 1982, S. 114
133 J. D. Müller, 1982, S. 328.
134 J. D. Müller, 1998, S. 123.

VI Die Minderverse (Schlussverse)

VI.1 Armut

Im Cod. Ser. Nov.2663 der Östrreichischen Nationalbibliothek in Wien stehe des Strickers *Frauenehre* ohne die „Bittverse" des Autors 1891-1902. Diese seien dort „vielleicht geschmackvollerweise" ausgelassen worden, so Hans -Herbert S. Räkel.[135] Denn auch das Gedeihen des Frauenpreises hänge schließlich von den finanziellen Mitteln ab, mit denen man den Frauenpreiser bezahlen kann.

Räkel vermutet im Stricker einen Dichter, der für ein Publikum dichtet, dem er ständisch nicht angehört, der sein Dichten selber als Erwerbsberuf betreibt. Ein bürgerlicher Dichter, dessen Bürgermoral in der *Frauenehre* insbesondere im *bispel* vom Ackermann zum Ausdruck komme. Es dürfte allerdings dem Stricker und seinem umfangreichen Werk kaum gerecht werden, ihn als bürgerlichen Dichter zu verorten[136] Dass dem kaum Wahrscheinlichkeit zukommt, geht ja schon aus der Tatsache hervor, dass der *Frauenehre* die Funktion eines „repräsentativen Incipit" bei Maximilians Heldenbuch Projekt zukommt, wie Räkel selbst konstatiert[137] Es ist kaum anzunehmen, dass Maximilian seine Prachthandschrift, die repräsentative Werke deutscher Adelskultur bieten will, ausgerechnet mit dem Werk eines bürgerlichen Dichters beginnen lässt. Ist das Weglassen der Schlussverse jedoch nicht durch die Peinlichkeit motiviert, die ein adliges Publikum angesichts der „Bittverse" eines bürgerlichen Dichters empfinden muss, so bleibt es jedoch weiterhin erklärungsbedürftig, wieso Maximilian diese Schlussverse[138] als unpassend für seine Sammelhandschrift eliminierte.

daz ist iedoch ein michel kraft

und ist ein groz gesellschaft,

daz si vil seligen kint

der ander got der werlde sint.

Von ir mineclichen gotheit

135Hans-Herbert S. Räkel: Die 'Frauenehre' von dem Stricker, 1976, S.172.
136Siehe hierzu Horst Haub: „Partnerschaftlichkeit im Hochmittelalter...", 2008, insbesondere S. 34 ff.
137„Die 'Frauenehre', ein knapp 2000 Verse umfassendes Gedicht von dem Stricker aus der ersten Hälfte des 13. Jahrhunderts, muss sich noch drei Jahrhunderte später einer solchen Wertschätzung erfreut haben, dass es zum repräsentativen Incipit des in kaiserlichem Auftrag geschriebenen sogenannten Ambraser Heldenbuchs bestimmt wurde." H.-H. S. Räkel, 1976, S. 163.
138Die Handschriften *H* (Universitätsbibliothek Heidelberg Cpg. 341) und *K* (Codex Kalocsa I) enden mit Vers 1902. W. W. Moelleken, Bd. I, S. 91.

wirt noch vil wunders geseit,

wirt mir min armut verjaget.

daz si den vrowen geklaget,

daz mich ir lobes niht irret,

wan daz mir armut wirret:

armu(e)t kan wol zu storen

daz zu vreuden solde horen.   ('Frauenehre' V. 1891-1902)

Dies liegt aber nicht nur angesichts der vielfach bestätigten tatsächlichen ständigen Geldnot Maximilians auf der Hand. Insbesondere die Tatsache, dass seine politischen Gegner diese seine angebliche Armut ausgiebig nutzten um ihn zu verspotten und ihn damit auch machtpolitisch in Bedrängnis zu bringen[139], dürfte hier den Ausschlag zum Weglassen der „Bittverse" gegeben haben.

War Maximilian schon in einem Umfeld aufgewachsen, dass von großer Einfachheit, ja von Kargheit geprägt war, wie ausländischen Gesandten, die an Kaiser Friedrich III. Hof kamen, stets auffiel[140], so war selbst seine Brautfahrt zu Maria von Burgund ein in finanzieller Hinsicht äußerst mühseliges Unterfangen. Deshalb kam er erst am 3. Juli 1477 in Köln an, obwohl er mit seinen 70 Begleitern bereits am 21. Mai 1477 aufgebrochen war.[141] In Köln verzögerte sich dann die Weiterreise um einen weiteren Monat, da längere Verhandlungen über Geld und Truppenhilfe notwendig waren. Erst die 100.000 Gulden, die ihm die Herzogin Witwe Margarethe von York zur Verfügung stellte, versetzten Maximilian in die Lage, sich für die Hochzeit auszustatten und sein berittenes Gefolge von 1200 Mann zu besolden.[142] Ludwig der XI. benutzte die für burgundische Verhältnisse sehr bescheidenen Hochzeitsfeierlichkeiten (wohl hauptsächlich durch die Hoftrauer um Karl den Kühnen bedingt) für die Verbreitung des Gerüchts vom geizigsten und ärmsten Bräutigam der Welt, der in den Niederlanden erst einmal mit entsprechender Kleidung habe ausgestattet werden müssen. Dieses Gerücht tat in der Folge seine Wirkung, als es von den inneren Gegnern Maximilians in Burgund aufgenommen und zur propagandistischen Waffe umgeschmiedet wurde, der neue Herzog und sein österreichisches Gefolge würden das Land

---

[139]Nach der Hochzeit mit Maria von Burgund muss Maximilian, angesichts der von Karl dem Kühnen geleerten Kassen des Herzogtums und der Notwendigkeit dieses gegen die territorialen Ansprüche Ludwigs XI. zu verteidigen, die Kostbarkeiten seines Hofes verpfänden, das Tafelsilber vermünzen. Das Auflegen immer neuer und höherer Steuern für den Krieg gegen Frankreich führt zu dem Vorwurf, Maximilan und seine österreichischen Herren würden das Land ausbeuten und dessen Schätze heimlich nach Österreich fortschaffen. Die durch dieses Gerücht erzeugte Stimmung führt dann in der Folge zu fortgesetztem Aufruhr und Aufständen in Geldern, Holland und Seeland. M. Hollegger, 2005, S. 44.
[140]Manfred Hollegger, 2005, S 24.
[141]M. Hollegger, 2005, S. 35.
[142]M. Hollegger, 2005, S 36.

berauben und dessen Schätze nach Österreich fortschaffen. [143]

Teile des Hofstaates musste Maximilian wiederholt in Städten zurücklassen, da nicht genug Geld vorhanden war, um für alle die offenen Quartier-, Stall- und Wirtsrechnungen zu bezahlen. Dieses Schicksal, Schuldpfand zu sein, traf öfter sogar auch die Königin Bianca Maria Sforza und ihren Hofstaat[144], weshalb der König von Frankreich Ludwig XII. vor den versammelten europäischen Gesandten öffentlich spotten konnte, um die Hand seiner Tochter werbe Maximilian nur deshalb, weil er nach dem Tod seiner Gemahlin wieder jemanden zum verpfänden brauche.[145]

Kein Zweifel also, hätte Maximilian die Schlussverse nicht getilgt, hätte er sich damit selbst beschädigt. Gerade im burgundisch/französischen Kulturbereich hätte das Ansprechen des Gegensatzes von Armut (armut) und höfischer Hochgestimmtheit (vreude) im Zusammenhang mit Maximilian die Erinnerung an die alten Gerüchte von seiner Armut wiederbelebt. Statt mittels des 'Ambraser Heldenbuchs' einen wirksamen Beitrag zur Bekämpfung seiner Gegner zu leisten, hätte er durch die Beibehaltung der Schlussverse seinen politischen Gegnern in die Hände gearbeitet, ganz zu schweigen von den traumatischen Erinnerungen, die sich für ihn vermutlich ebenso mit dem „Armuts"- Gerücht und dessen machtpolitischen Folgen verbunden haben.[146]

VI.2 *der ander got der werlde*

Das Steichen der Schlussverse, die Armut thematisieren, hätte jedoch nicht das Weglassen der Verse zuvor bedingt, denn von *armut* ist ja erst in Vers 1897 die Rede.

Die Verse 1891 – 1896 kulminieren hingegen in der Aussage, die innerweltliche Bedeutung der Frauen, ihr gesellschaftlich eingebundenes Wirken für ein hochgestimmtes freudvolles Leben, sei als gottgleich zu verstehen. Garantiert die Präsenz Gottes in der Welt, dass die Anstrengung eines Lebens unter Beachtung seiner Gebote auf sich genommen wird, um das Seelenheil und die Aufnahme in sein himmlisches Reich nach dem Tode nicht zu gefährden, so seien die Frauen innerweltlich von gleicher Bedeutung für die ritterliche Gesellschaft.[147] Denn die Anstrengungen

143 M. Hollegger, 2005, S. 37.
144 So 1494 in Brabant, 1495, 1496, 1497 in Worms, später noch in Freiburg im Breisgau, ebenso in Mindelheim und Konstanz. Patrizia Mazzadi: „Bianca Maria Sforza...", 2009, S. 416.
145 M. Hollegger: „Lebenszeugnisse und...", 2009, S. 416. Dass der kaiserliche Troß 1518 in Innsbruck wegen alter Schulden nicht in die Gasthäuser aufgenommen wurde, gehöre zu den tragigkomischen Ereignissen der letzten Lebenswochen des Kaisers, so Hermann Wiesflecker: „Österreich im Zeitalter...", 1999, S. 264.
146 Als Ergebnis auch dieses Gerüchts muss wohl die Folge von Kämpfen, Kriegen und innenpolitischen Wirren, die Maximilian während seiner 12-jährigen burgundischen *aventiure* zu bestehen hatte, verstanden werden. An ihrem Ende (1488) ist Maximilian I. sogar erniedrigender Gefangenschaft ausgesetzt, „monatelang von Exekution und Mord bedroht, die Folterung und Hinrichtung seiner engsten Vertrauten und Berater vor Augen." Martin Wierschin, 2005 (1976), S. 109.
147 Ingeborg Glier macht in Bezug auf die Minnereden insgesamt die Beobachtung, die Minne sei es, „die hier einen absoluten Anspruch trägt, wie er sich sonst nur noch analog in der christlichen Heilslehre äußert." I. Glier, 1971, S. 13.

tugendhaften ritterlichen Lebens nehmen die Ritter nur auf sich, weil es die Frauen gibt und damit die Möglichkeit eines freudvollen Lebens:

DITZ ist die ere, die si gebent:

daz Ritter Ritterlichen lebent,

daz hant si von den vrowen.   ('Frauenehre' V. 641-643)

Auch wenn es den 'literarischen Gewährsmännern'[148] des *Heldenbuchs* vermutlich durchaus darum ging durch die *Frauenehre* zu Beginn der Sammelhandschrift „das normative Idealbild einer höfischen Gesellschaft, deren alles erhaltende Mitte die Frauen sind" zu bestätigen[149], so scheint ihnen doch die vom Stricker vorgenommene emphatische Überhöhung der Frauen als *ander got der werlde* offenbar nicht mehr angebracht. Die Gattung Minnerede, deren Beginn durch die *Frauenehre* als einem ihrer Vorläufer gefasst werden kann, bleibe bis etwa zur Zeit der Abfassung des *Ambraser Heldenbuchs* lebendig und produktiv[150], so I. Glier. Die *Frauenehre* bezeichne sowohl den Beginn als auch mit ihrer exponierten Position im *Ambraser Heldenbuch* das Ende der Minnereden-Entwicklung.*[151]*

Dorothea Klein spricht davon, den ersten sieben Texten des *Ambraser Heldenbuchs* sei das Grundthema Minne gemeinsam. Strickers *Frauenehre*, Hartmanns *Klage* und das *Büchlein* behandelten das Thema in der Form der didaktischen Rede; die beiden Artusromane Hartmanns problematisierten das Verhältnis von Minnebindung und gesellschaftlicher Verpflichtung, von Liebe und Ritterschaft mit narrativen Mitteln, die schwankhafte Erzählung von der Treueprobe mit Hilfe eines magischen Mantels, die unter den Damen des Artushofes vorgenommen wird, führe ein Thema vor, das der Frauenpreis des Stricker ausspare. Die von vorbildlichem Frauendienst und versagtem Minnelohn handelnde Erzählung *Mauricius von Craûn* füge sich mitsamt ihrem Prolog, einem Abriss der Geschichte des Rittertums, nahtlos in dieses Programm. Möglicherweise habe man sie als Komplement und Kontrast zur vorausgehenden *Frauenehre* gelesen.[152]

Zu ergänzen wäre diese Liste Dorothea Kleins mit Werken im *Ambraser Heldenbuch*, denen das Grundthema Minne zueigen ist, zumindest mit dem *buoch von dem übeln wibe*, sowie den Dichtungen *Die Katze*, *Der betrogene Gatte* und *Die treue Gattin*, die Herrand von Wildon zugesprochen werden und die sich ebenso im letzten Drittel des Ambraser Heldenbuchs befinden,

---

148I. Glier, 1971, S. 391.
149I. Glier, 1971, S. 36.
150T. Brandis verzeichne über 500 Texte. I. Glier, 1971, S.14.
151In Maximilians *Heldenbuch*-Initiative schließe sich „auch historisch der Kreis zu den Voräufern der Minnereden im 12. und 13. Jahrhundert: zu Werken Hartmanns von Aue, des Stricker und Ulrichs von Lichtenstein." I. Glier, 1971, S. 392.
152D. Klein, 1999, S. 9.

wie Ulrich von Lichtensteins *Frauenbuch*.[153]

Im *buoch von dem übeln wibe* führt der Minnetrank keineswegs zur Untrennbarkeit des Liebespaares, das unausweichlich schicksalhaft in gegenseitiger Liebe verstrickt ist, wie im Falle des *Tristan* Gottfrieds[154], sondern er führt zu fortdauerndem Gegensatz und Beziehungskrieg zwischen den Eheleuten sofort nach der Hochzeitsnacht. Der berichtende Ehemann des Textes, der nach eigenen Angaben ständig von seiner *konen* übelst verprügelt wird, bittet den Hörer/Leser auch seiner als Märtyrer erbarmend zu gedenken, wenn er vom Martyrium anderer hört. Hier scheint programmatisch am ehesten ausgesprochen, was I. Glier für die deutschen Minnereden insgesamt „ganz eigentümlich" in den Mittelpunkt gerückt sieht; die Aufgabe, die darin besteht „miteinander in *triuwe* und *staete* zu leben, und zwar meist ohne daß die rechtliche und kirchliche Sanktion der Ehe maßgebend einbezogen" werde.[155] In *Die Katze* will sich der Minnedienst suchende nicht nur mit einer Frau von Adel und Schönheit zufrieden geben, sondern sie soll dem Minnenden auch den gesellschaftlichen Aufstieg bringen.[156] Wird in *Der betrogene Gatte* eine Ehebruchsgeschichte in ritterlichem Milieu geboten, so wird in *Die treue Gattin* das Gegenteil eines treulosen Eheweibes, ebenso von ritterlichem Stand, dargestellt. Eine Ehefrau, die sich, zum Beweis ihrer Liebe und Treue zu ihrem Mann, eines ihrer Augen beraubt. Auch dieses Märe könnte man als eine für die Zeit um 1500 ungewöhnliche Eloge auf die Frau ansehen, ein frühes Beispiel der Integration von Liebe und Ehe in der Gattung Märe, nach Walter Blank.[157] Das Leitbild einer personalen Liebeszuwendung als Liebesehe, das im höfischen Roman entwickelt werde, habe zunächst in den Romanen des 13. und 14. Jahrhunderts keine Zukunft. Erstaunlich sei es, dass dieses neue Leitbild mittels der Mären im städtisch-bürgerlichen Raum nicht etwa verstärkt weitergeführt und nachdrücklicher ausgestaltet werde, sondern dass es auch hier in das alte Rollenschema vom herrschenden Mann und der untergebenen Frau, wo von Liebe nicht die Rede ist, zurückfalle.[158]

---

153 Auch M. J. Schubert postuliert für das Ambraser Heldenbuch; festzuhalten sei für den Band jedenfalls die Wichtigkeit der minnelehrartigen Aspekte, wenn sie auch, mit Blick insbesondere auf den Heldenepik-Teil, nicht das einzige Konzept darstellten. M. J. Schubert: „ Offene Fragen...", 2009, S. 114.

154 Ysalde, der saelden krône,
diu sich ie vil schône
behüetet hât vor schanden,
jâ waene sî Tristanden
selten sluoc mit roccken
noch gezogte bî den locken
ûf die füeze nie ze tal
als mich die mîne âne zal
vil dicke hât geswenket.   (Daz buoch von dem übeln wibe, V. 483-491)

155 I. Glier, 1971, S.13.

156 Er dâhte, wâ er funde ein wip,
diu edel het und schoenen lip,
und het dâ bî gewaltes vil.   (Die Katze, V. 21-23)

157 Walter Blank: „Ehelehren...", S. 203.

158 Walter Blank: „Ehelehren...", S. 202.

Die Überhöhung der Frau als *ander got der werlde*, die im Frauenehre-Fragment offensichtlich als unpassend empfunden wurde und der Streichung zum Opfer fiel, scheint in *Die treue Gattin* jedoch wieder aufgenommen zu werden. Dies nach einer Fülle ganz anderer Frauenrollen, die die Texte der Sammelhandschrift bieten. Allerdings wird jetzt offenbar genau diese vielleicht vom Publikum als unangebracht empfundene 'Überhöhung' thematisiert. Die Dichtung erklärt nämlich eingangs warum sie von einem *maere sagen* will, dass mit Recht das Gefallen des Publikums finden werde, *daz iu von rehte muoz behagen.* Der Dichter hat sein ganzes Leben damit hingebracht, widerwärtige, die Freude vertreibende Geschichten aushalten zu müssen:

> *ich hân alliu mîniu jâr*
>
> *mit leiden maeren her verzert,*
>
> *dâ von ich freuden bin behert.*   (Die treue Gattin, V. 4-6)

Da er keine Chance sieht, auch einmal eine Erzählung zu Gehör zu bekommen,

> *nu ist daz mîn meistez leit,*
>
> *daz mir diu wal ist gar verseit.*   (Die treue Gattin V. 12-13)

die nicht auf die Stimmung schlägt und dem Herzen Schmerzen verursacht,

> *wan sî tuont wê dem herzen gar.*   (Die treue Gattin V. 3)

ist es seine erklärte Absicht, eben einmal eine solche Erzählung vorzutragen.

Die Streichung des überhöhenden Frauenpreises im *Frauenehre*-Fragment, wie die Einleitung zu *Die treue Gattin* dürften als Hinweis auf die Programmatik des Ambraser Heldenbuchs zum „Grundthema Minne" zu verstehen sein:

Demnach erscheint Maximilian und dem 'literarischen Beirat' ein emphatischer Frauenpreis wie ihn die *Frauenehre* bietet wohl angesichts der Übermacht misogyner Schriften, von denen die Reflektionen des Dichters in *Die treue Gattin* Kunde geben, nicht nicht mehr angebracht. Jedoch wendet sich das *Ambraser Heldenbuch*, wie auch die *Frauenehre* gegen diejenigen, die den Frauen *rouplichen schaden* (Frauenehre V. 1790) zufügen. Denn es gebe zwar eitle, selbstsüchtige und untreue Frauen, Beziehungsverhältnisse in denen soziale Aufstiegsbestrebungen oder Konfrontation und Kampf dominierten, wie die Texte des Ambraser Heldenbuchs einräumen, aber es gebe auch die anderen: Selbstlose, treue Frauen, denen das eigene Leben und die eigene Schönheit weniger bedeuteten als die Liebe zum Lebensgefährten, wie die *Enite* Hartmanns[159] oder *Die treue Gattin* Wildons beweisen.

VII Verteidigung der Ehre der Frauen als Aufgabe des *Heldenbuchs*

Das *Ambraser Heldenbuch* dürfte also insgesamt im Bereich des Themas Minne, wie auch das Werk des Stricker zu seiner Zeit, als groß angelegtes Projekt zur Verteidigung der Ehre der Frauen zu verstehen sein, gegen diejenigen die die Ehre der Frauen feindselig mit Spott und Beschimpfungen attackieren.[160] Hierbei handelt es sich nicht nur um einen unterschiedlichen ideologischen Entwurf, bei möglicherweise gleicher lebensweltlicher Praxis am Hof, worauf Manfred Hollegger hinweist, wenn er feststellt: Maximilian sei zwar erstaunt und fasziniert gewesen, von dem was er am burgundischen Hof sah[161], aber zum Vorbild für seine spätere Hofhaltung im Reich und Österreich sei ihm dieses burgundische Erlebnis nicht geworden. Abzulesen sei dies nicht nur am Fehlen jeglicher Hofordnung nach burgundischem Muster, sondern auch an kleinen Details, wie etwa dem Umgang mit dem Frauenzimmer. Während dieses in Burgund Tag und Nacht unversperrt war, wie Maximilian auffiel, hielt Maximilian darauf, dass es später an seinem Hof täglich abends um acht Uhr vom Hofmeister verschlossen wurde. Männliche Angehörige der Hofdamen, so sie nicht verheiratet waren, durften nicht einmal in den darunter liegenden Gemächern der Innsbrucker Hofburg schlafen, sondern mussten diese verlassen.[162]

Dass die *Frauenehre* an prominenter erster Stelle die Sammlung eröffnet scheint geradezu zwingend, entspringt sie doch dem gleichen Motiv, Verteidigung adlig-ritterlichen Ethos gegen die drohende Überwältigung durch misogyne Schriften.

Die literatur- und kulturgeschichtliche Bedeutung des Ambraser Heldenbuchs als Dokument des Selbstverständnisses Maximilians und seiner 'literarischen Beiräte', sowie als Gegenentwurf im Bereich Minne, kann wohl nur dann angemessen verstanden werden, wenn man sie zum einen in den gesamteuropäischen Kontext stellt, als Stellungnahme gegen misogyne Texte insbesondere aus dem französisch-burgundischen Bereich, aber auch Italiens und Spaniens, sowie als Beitrag begreift, der sich auch auf deutsche Minnereden- und Märendichtung, volkssprachliche Schwanksammlungen und lateinischer Fazetienliteratur[163] als Gegenentwurf bezieht. Eine

159Hartmann von Aue, *Erec*, 1975.
160*Frauenehre* V. 1794-1798.
161Wie sich dies in den Briefen an seinen Freund Sigmund Prüschenk zeige. M. Hollegger, 2009, S. 418.
162Manfred Hollegger, 2009, S.420.
163Rüdiger Schnell verweist auf die Verbindung und Nivellierung von volkssprachlicher Schwankliteratur und lateinischer Fazetienliteratur um 1500. Bestätigt werde dies z. B. durch den Umstand, dass der Heidelberger Druck der deutschen Kalenberger-Schwänke (1490) und der Heidelberger Druck Mensa philosophica (1489), dem ein Kalenberger-Schwank auf Latein und eine Poggio-Fazetie angehängt wurden, bei demselben Drucker, Heinrich Knoblochtzer, herausgebracht wurden. R. Schnell: „Zur Konversationskultur in Italien...", 2008, S. 372.

Aufarbeitung der Dichtungen des Ambraser Heldenbuchs, die sich vor allem dem „Grundthema Minne" widmen, unter dem Gesichtspunkt Reaktion zu sein auf diese gewichtigen misogynen Schriften, steht noch aus.

VIII Literaturverzeichnis

Texte

Ambraser Heldenbuch. Vollst. Faks.-Ausg. Im Originalformat des Codex Vindobonensis Series Nova 2663 der österreichischen Nationalbibliothek. Komm. von Franz Unterkircher. Graz 1973.

Die Abenteuer des Ritters *Theuerdank.* Kolor. Nachdr. der Gesamtausgabe von 1517. Köln (u.a.): Taschen (2003)

*Die Frauenehre des Stricker, i*n: Die Kleindichtung des Stricker, Gesamtausgabe in fünf Bänden, hg. v. Wolfgang Wilfried Moelleken, Göppingen 1978, Bd. 1, Nr. 3.

Mauricius von Craûn. Mittelhochdeutsch/Neuhochdeutsch. Nach dem Text von Edward Schröder herausgegeben, übersetzt und kommentiert von Dorothea Klein. Stuttgart 1999.

Hartmann von Aue, Iwein. Aus dem Mittellhochdeutschen übertragen, mit Anmerkungen und einem Nachwort versehen von Max Wehrli, Zürich 1988.

Hartmann von Aue, Die Klage. Das (zweite Büchlein) aus dem Ambraser Heldenbuch, herausgegeben von Herta Zutt. Berlin 1968.

Das Ambraser Mantel-Fragment nach der einzigen Handschrift neu herausgegeben von Werner Schröder, Stuttgart 1995.

Hartmann von Aue, Erec. Mittelhochdeutscher Text und Übertragung von Thomas Cramer. Frankfurt am Main 1972.

Daz buoch von dem übeln wîbe. Hg. v. Ernst A. Ebbinghaus, Tübingen 1968.

Herrand von Wildonie: Die treue Gattin, in: Herrand von Wildonie, Vier Erzählungen. Hg. v. Hanns Fischer, Tübingen 1959.

Herrand von Wildonie: Der betrogene Gatte, in:Herrand von Wildonie, Vier Erzählungen. Hg. v. Hanns Fischer, Tübingen 1959.

Herrrand von Wildonie: Die Katze, in: Herrand von Wildonie, Vier Erzählungen. Hg. v. Hanns Fischer, Tübingen 1959.

Ulrich von Lichtenstein: Frauenbuch mit Anmerkungen von Th. von Karajan, hg. von Karl Lachmann, Berlin 1841.

Gottfried von Strassburg, Tristan, Mittelhochdeutsch/Neuhochdeutsch. Nach dem Text von Friedrich Ranke neu herausgegeben, ins neuhochdeutsche übersetzt, mit einem Stellenkommentar und einem Nachwort von Rüdiger Krohn, Stuttgart 1998 (1980).

Das Livre du cuer d'amour espris des Herzogs René von Anjou. Ernst Trenkler, Wien 1946.

Forschungsliteratur

Ammannn, Klaus: Kaiser Maximilians erfolgreiches *alter ego* im Kampf um weltliche und geistliche Macht. Zum *Priesterkönig Johannes* im *Ambraser Heldenbuch*. In: Waltraud Fritsch-Rößler (Hg.); Rahmenthema: Das Ambraser Heldenbuch. Berlin, Wien 2008.(= cristallîn wort, Hartmann-Studien 1/2007), S. 129-148.

Bastert, Bernd: Der Münchner Hof und Füetrers 'Buch der Abenteuer'. Literarische Kontinuität im Spätmittelalter. Frankfurt am Main, Berlin etc. 1993.

Blank, Walter: Ehelehren in mittelhochdeutscher Dichtung. Nürnberger Fastnachtsspiele des 15. Jahrhunderts, in: Liebe in der deutschen Literartur des Mittelalters: St. Andrews colloquium 1985, hg. von Jeffrey Ashcroft, Tübingen 1985, S. 192-203.

Brouwer, Johan : Johanna die Wahnsinnige. Glanz und Elend einer spanischen Königin. Aus dem Niederländischen von Christian Zinsser, Kreuzlingen/München 2004 (1978).

Buschinger, Danielle: Die Literatur am burgundischen Hof und ihre Ausstrahlung auf das Reich, in: Kaiser Maximilian I. (1459-1519) und die Hofkultur seiner Zeit. Hg. von Sieglinde Hartmann und Freimut Löser unter Mitarbeit von Robert Steinke. Jahrbuch der Oswald von Wolkenstein-Gesellschaft, Band 17, Wiesbaden 2009, S. 335-347.

Dagmar Eichberger: Leben mit Kunst Wirken durch Kunst. Sammelwesen und Hofkunst unter Margarete von Österreich, Regentin der Niederlande. Turnhout, Belgiuim,2002.

Fischer, Hanns: Strickerstudien. Ein Beitrag zur Literaturgeschichte des 13. Jahrhunderts. Dissertation, Ludwig-Maximilian-Universität München, 1953.

Fürbeth, Frank: "Historien" und „Heldenbücher" in der Büchersammlung Kaiser Maximilians in Innsbruck, in: Kaiser Maximilian I. (1459-1519) und die Hofkultur seiner Zeit. Hg. von Sieglinde Hartmann und Freimut Löser unter Mitarbeit von Robert Steinke. Jahrbuch der Oswald von Wolkenstein-Gesellschaft, Band 17, Wiesbaden 2009, S. 335-347. S.151-165.

Füssel, Stephan: Der Theuerdank von 1517. Kaiser Maximilian und die Medien seiner Zeit. Eine kulturhistorische Einführung. Köln 2003.

Gärtner, Kurt: Hartmann von Aue im Ambraser Heldenbuch, in: Waltraud Fritsch-Rößler (Hg.); Rahmenthema: Das Ambraser Heldenbuch. Berlin, Wien 2008.(= cristallîn wort, Hartmann-Studien 1/2007), S. 199-212.

Glier, Ingeborg: Artes Amandi. Untersuchung zu Geschichte, Überlieferung und Typologie der deutschen Minnereden. München 1971.

Gottlieb, Theodor: Büchersammlung Kaiser Maximilian I. mit einer Einleitung über älteren Bücherbesitz im Hause Habsburg (Die Ambraser Handschriften. Beitrag zur Geschichte der Wiener Hofbibliothek. I) Leipzig 1900.

Graf, Klaus: Ritterromantik ? Renaissance und Kontinuität des Rittertums im Spiegel des literarischen Lebens im 15. Jahrhundert, in: Wolfgang Haubrichs/Hans Walter Herrmann (Hg.): Zwischen Deutschland und Frankreich. Elisabeth von Lothringen, Gräfin von Nassau Saarbrücken. St. Ingbert 2002. (=Veröffentlichungen der Kommission für Saarländische Landesgeschichte und Volksforschung e. V. 34),S. 517-532. Hier zitiert nach dem online-Aufsatz von 1999, http://www.histsem.uni-freiburg.de/mertens/graf/elis.htm

Habermas, Jürgen: Strukturwandel der Öffentlichkeit. Neuwied, Berlin 1975.

Haub, Horst: Partnerschaftlichkeit im Hochmittelalter: Strickers Konzept für Ehe und Gesellschaft; die Ehestandsmären, München, (u.a.) 2008.

Heinzle, Joachim: Einführung in die mittelhochdeutsche Dietrichepik. Berlin, New York 1999.

Hollegger, Manfred: Maximilian I. Herrscher und Mensch einer Zeitenwende (1459-1519). Stuttgart 2005.

Hollegger, Manfred: Lebenszeugnisse und Archivalien zur Rekonstruktion des Hoflebens Kaiser Maximilians I., in: Kaiser Maximilian I. (1459-1519) und die Hofkultur seiner Zeit. Hg. von Sieglinde Hartmann und Freimut Löser unter Mitarbeit von Robert Steinke. Jahrbuch der Oswald von Wolkenstein-Gesellschaft, Band 17, Wiesbaden 2009, S. 411-423..

Kaminski, Nicola: Die Unika im Ambraser Heldenbuch: ein überlieferungsgeschichtlicher „Unfalo"?, in: Kaiser Maximilian I. (1459-1519) und die Hofkultur seiner Zeit. Hg. von Sieglinde Hartmann und Freimut Löser unter Mitarbeit von Robert Steinke. Jahrbuch der Oswald von Wolkenstein-Gesellschaft, Band 17, Wiesbaden 2009, S.179-199.

Karnein, Alfred: De Amore in volkssprachlicher Literatur. Untersuchungen zur Andreas-Capellanus-Rezeption im Mittelalter und Renaissance. Heidelberg 1985.

Klein, Dorothea: Mauricius von Craûn. Mittelhochdeutsch/Neuhochdeutsch. Nach dem Text von Edward Schröder herausgegeben, übersetzt und kommentiert von Dorothea Klein. Stuttgart 1999.

Kuhn, Hugo: Minnesangs Wende. Tübingen 1967.

Leitzmann, Albert: Die Ambraser Erecüberlieferung. PBB 59 (1935), S. 143-234.

Mazzadi, Patrizia: Bianca Maria Sforza und die Beziehungen des Innsbrucker Hofes zu den wichtigen italienischen Höfen der Renaissance, in: Kaiser Maximilian I. (1459-1519) und die Hofkultur seiner Zeit. Hg. von Sieglinde Hartmann und Freimut Löser unter Mitarbeit von Robert Steinke. Jahrbuch der Oswald von Wolkenstein-Gesellschaft, Band 17, Wiesbaden 2009, S. 367-381.

Mertens, Dieter: Mittelalterbilder in der Frühen Neuzeit. In: Gerd Althoff (Hg), Die Deutschen und ihr Mittelalter, Darmstadt 1992, S.29-54.

Müller, Jan Dirk: Gedechtnus. Literatur und Hofgesellschaft um Maximilian I. München 1982.

Müller, Jan-Dirk: Späte Chanson de Geste Rezepion und Landesgeschichte. Zu den Übersetzungen der Elisabeth von Nassau-Saarbrücken, in: Joachim Heinzle (Hg.), Schweinfurter Kolloquium, Berlin 1989, Wolfram-Studien 11.

Müller, Jan Dirk (Hg.): Romane des 15. und 16. Jahrhunderts. Nach den Erstdrucken mit sämtlichen Holzschnitten, in: Bibliothek der Frühen Neuzeit, Bd. 1, Frankfurt 1990. (=Erste Abteilung; Literatur im Zeitalter des Humanismus und der Reformation, Zwölf Bände, hg. von Wolfgang Harms und Franz-Josef Worstbrock)

Müller, Jan Dirk: Archiv und Inszenierung. Der 'letzte Ritter' und das Register der Ehre, in: Kultureller Austausch und Literaturgeschichte im Mittelalter. Hg. v. Ingrid Kasten, Sigmaringen 1998, S.115-126.

Müller, Jan-Dirk: Kaiser Maximilian I. und Runkelstein, in: Schloss Runkelstein . Die Bilderburg, Stadt Bozen (Hg.), Bozen 2000, S. 459-468.

Müller, Jan-Dirk: Maximilian und die Hybridisierung frühneuzeitlicher Hofkultur. Zum Ludus Diane und der Rhapsodia des Konrad Celtis, in: Kaiser Maximilian I. (1459-1519) und die Hofkultur seiner Zeit. Hg. von Sieglinde Hartmann und Freimut Löser unter Mitarbeit von Robert Steinke. Jahrbuch der Oswald von Wolkenstein-Gesellschaft, Band 17, Wiesbaden 2009, S. 3-21..

Mura, Angela: Spuren einer verlorenen Bibliothek. Bozen und seine Rolle bei der Entstehung des Ambraser Heldenbuchs (1504-1516), in:: Waltraud Fritsch-Rößler (Hg.); Rahmenthema, Das Ambraser Heldenbuch. Berlin, Wien 2008.(= cristallîn wort, Hartmann-Studien 1/2007), S. 59-128.

Nyholm, Kurt (Hg.): Die Gralepen in Ulrich Füetrers Bearbeitung (Buch der Abenteuer): nach der Münchner Handschrift Cgm. 1 unter Heranziehung der Wiener Handschriften Cod. Vindob 2888 und 3037 und der Münchner Handschrift Cgm. 247. Berlin 1964

Plessner, Helmuth: Die verspätete Nation. Über die politische Verführbarkeit bürgerlichen Geistes. Stuttgart (u.a.) 1974.

Räkel, Hans-Herbert S.: Die 'Frauenehre' von dem Stricker, in: Österreichische Literatur zur Zeit der Babenberger. Vorträge der Lilienfelder Tagung 1976. Hg. v. Alfred Ebenbauer u. a., Wien 1977, S. 163-175.

Reinitzer, Heimo (Hg.): Mauritius von Craûn. Tübingen 2000.

Schmitt, Carl: Römischer Katholizismus und politische Form. München 1925.

Schnell, Rüdiger: Zur Konversationskultur in Italien und Deutschland im 15. und 16. Jahrhundert. Methodologische Überlegungen, in: Konversationskultur in der Vormoderne. Geschlechter im geselligen Gespräch, hg. von Rüdiger Schnell. Köln, Weimar , Wien 2008, S. 313-385.

Schnell, Rüdiger: Literaturwissenschaft und Mediengeschichte, in: IASL 34. Bd., 2009, 1. Heft, S.1-48.

Schnell, Rüdiger: Männer unter sich – Männer und Frauen im Gespräch. Geschlechterspezifische Aspekte der Konversation, in: Konversationskultur in der Vormoderne. Geschlechter im geselligen Gespräch. Hg. von Rüdiger Schnell, Köln, Weimar, Wien 2008, S. 387-440.

Schröder, Edward: Zwei altdeutsche Rittermaeren, Moriz von Craon, Peter von Staufenberg. Neu herausgegeben von Edward Schröder, Berlin 1913.

Seelbach, Ulrich: Späthöfische Literatur und ihre Rezeption im späten Mittelalter: Studien zum Publikum des 'Helmbrecht' von Wernher d. Gartenaere. Berlin 1987. (Philologische Studien und Quellen; H. 115)

Strohschneider, Peter: Ritterromantische Versepik im ausgehenden Mittelalter. Studien zu einer funktionsgeschichtlichen Textinterpretation der „Mörin" Herrmann von Sachsenheim sowie zu

Ulrich Füetrers „Persibein" und Maximilians I. „Teuerdank". Frankfurt a. M., Bern, New York 1986.

Schmitt, Carl: Römischer Katholizismus und politische Form. München 1925.

Schmidt, Georg: Deutschland am Beginn der Neuzeit. Reichs- Staat und Kulturnation? In: Recht und Reich im Zeitalter der Reformation. Festschrift für Horst Rabe, hg. von Christine Roll, Frankfurt am Main 1997.

Schubert, Martin J.: Offene Fragen zum 'Ambraser Heldenbuch', in: exemplar, Festschrift für Otto Seidel. Hg. v. Rüdiger Brandt und Dieter Lau. Frankfurt am Main, Berlin, Bern, Burxelles, New York, Oxford, Wien, 2008, S. 99-120.

Schubert, Martin: Funktionen der Vergangenheit in Maximilians medialer Selbstdarstellung, in: Kaiser Maximilian I. (1459-1519) und die Hofkultur seiner Zeit. Hg. von Sieglinde Hartmann und Freimut Löser unter Mitarbeit von Robert Steinke. Jahrbuch der Oswald von Wolkenstein-Gesellschaft, Band 17, Wiesbaden 2009, S.275-289.

Wierschin, Martin.: Das Ambraser Heldenbuch Maximilians I. In: Wierschin, M., Philologia, Würzburg 2005 (1976), S. 101-146.

Wiesflecker, Hermann: Maximilian I. Die Fundamente des habsburgischen Weltreiches. Wien, München, Oldenburg 1991.

Wiesflecker, Hermann: Österreich im Zeitalter Maximilians I.: Die Vereinigung der Länder zum frühmodernen Staat; Der Aufstieg zur Weltmacht. München, Oldenburg, 1999.